# 하느님과의 친밀

Thomas Keating

# Intimacy with God

**Thomas Keating**

Copyright © September 2009 by Thomas Keating
Korean translation copyright © 1998 by ST PAULS, Seoul, Korea

ST PAULS
20, Ohyeon-ro 7-gil, Gangbuk-gu, Seoul, Korea
Tel 02-944-8300, 02-986-1361  Fax 02-986-1365

국립중앙도서관 출판시도서목록(CIP)

키팅, 토머스
 하느님과의 친밀 / 토머스 키팅 지음 ; 엄무광 옮김. — 개정판. —
  서울 : 성바오로, 2011
   p. ;   cm

 원표제: Intimacy with God
 원저자명: Thomas Keating
 영어 원작을 한국어로 번역
 ISBN  978-89-8015-782-2 03230

 기독교 신앙 생활[基督教信仰生活]

 234.8-KDC5
 248.4-DDC21                              CIP2011005058

# 하느님과의 친밀

Thomas Keating

토머스 키팅 글 | 엄무광 옮김

한국 독자들에게 ...

이 책에서 사용된 자료들은
하느님과 더욱 친밀한 관계를 맺는 데 필요한
치유의 은총에 자신을 열기 위해 향심 기도를
선택한 이들에게서 나왔다.
엄무광 님은 자신의 영적 여정 중
이 기도의 선물에 깊은 감동을 받았다.
그는 여기에서 얻은 열매로
「하느님과의 친밀」이라는 책을
한국어로 번역하여 다른
그리스도인들과 나누기를 원한다.
나는 이에 깊이 감사드린다.

1998년 5월 12일
토머스 키팅, OCSO

# 머리말

이 책은 거짓 자아가 죽어 가고 하느님과의 분리 감각이 줄어들면서 자라나는 관상적 삶이 전개되는 경험을 서술하고 있다. 이렇게 친밀함이 자라면서 하느님에 깊이 뿌리를 두게 되면 둘이었던 분리의 경험은 존재하지 않고 오직 하나만 남는다.

이러한 하나 혹은 비이원론은 세계 종교들의 진보된 영적 전통에 소개되어 있다. 그것은 거짓 자아의 죽음, 분리 감각의 감소, 나아가 분리 감각의 소멸을 의미한다. 여기에는 궁극적 실재(하느님)와 일치한다는 감각이 언제나 내 안에 자리 잡는 것을 동반한다. 궁극적 실재와의 일치는 일반적으로 그리스도교 용어로 예수 승천의 은총이라고 한다. 이것은 그리스도교 관상 전통에서 "변형적 일치"라고 부르는 것을 넘어선 하느님과 일치하는 상태를 말한다. 시토회, 도미니코회, 프란치스코회, 가르멜회를 포함한 다른 수도회들은 변형적 일치를 사랑의 최고 일치라고 했다. 하느님 사랑이 갖는 일치의 힘은 형언할 수 없는 일치의 경험과 자아 망각의 경험 안으로 영혼을 끌어들이고 일치시킨다. 그렇지만 영혼은 하느님과의 일치 안에서 자신을 인식하고 있으므로 하느님과 영혼은 둘로 남아 있다.

　십자가의 성 요한은 「사랑의 산 불꽃」(겟쎄마니, 2010)에서 이와 같은 높은 일치의 단계를 암시했는데 분명하게 표현하지는 않았다. 12세기와 13세기에 독일과 네덜란드에 있던 평신도 단체인 베긴Beguines 공동체 회원 일부는 변형적 일치란 불교, 아드바이타 베단타, 수피의 글에서 발견되는 온전한 각성이나 열반을 설명하는 것과 같은 일치 의식의 경험에서 영적 여정으로 나아가도록 하는 것임을 분명하게 명시했다. 여기에서는 자아가 없다.

　대부분의 신비가들은 그와 같은 삶에서 이러한 체험이 영구할 것이냐에 대해 의심한다. 그렇지만 그들은 몇 시간 혹은 며칠간 자아 성찰이 없을 수 있음을 인정한다. 적어도 그렇게 고양된 상태가 영구하게 되려면 최소한 뇌와 신경 조직의 상당한 생리적 발달이 요구된다. 신체는 하느님과의 강하고 친밀한 의사소통을 견뎌 낼 준비가 되어 있어야 한다. 비이원론을 굳건히 믿는 이들도 이 세상에서 살아가려면 이원론과 비이원론 사이를 자유롭게 넘나들어야 한다. 영적 투쟁의 최종 목표로 인식의 비이원론 단계를 인지하는 것은, 일상생활의 우여곡절 안에 몰입하는 내면에 비이원론적인 의식을 가지고 사는 것은 현실적이지 않을 수 있다.

　나는 「하느님과의 친밀」에서 이러한 발달의 정점에 초점을 맞추려는 것은 아니지만 그것의 인식을 얻으라고 제안한다. 즉, 관상 기도를 하는 사람들에게 이원론과 비이원론의 의식 상태, 동양의 전통에서 절대자는 이것도 아니고 저것도 아니며 하나도 아니요 둘도 아니라고 확인하는 것처럼, 길이 없는 길을 지향하라는 말이다. 이러한 역설은 하느님은 존재하는 모든 것 너머에, 존재하는 모든 것 안에, 더 정확히 말하자면 존재와 비존재의 모든 범주를 넘어선 분임을 가리킨다.「하느님과의 친밀」을 통해 독자는 그리스도교 영적 여정의 중간 단계를 공부하고 경험하게 되는데, 이러한 과정이 없다면 높은 의식 수준은 신비의 영역에 그대로 남아 있게 될 것이다.

2009년 1월
콜로라도 스노매스, 성 베네딕토 수도원에서

**토머스 키팅**

소개하는 글

# 향심 기도의 발상

향심 기도는 그리스도교 전통, 특히 14세기에 무명의 작가가 쓴 「무지의 구름」(바오로딸, 1997)과 십자가의 성 요한의 글에서 나온 기도 방법이다. 그것은 우리를 하느님의 현존으로 불러들여 경청하고 수용하는 관상적인 태도를 길러 준다. 이는 가톨릭 전통에서 성령의 순수한 선물이라고 여겨 왔던 엄격한 의미의 관상이 아니고, 오히려 바쁘기만 한 우리의 마음과 삶에서 비롯되는 장벽을 낮춤으로써 관상을 준비하도록 해 주는 방법이다.

향심 기도는 내가 1961년에서 1981년까지 수도원장으로 지냈던 매사추세츠 주 스펜서에 있는 성 요셉 수도원으로 거슬러 올라간다. 당시 제2차 바티칸 공의회 이후 수도 생활을 쇄신하려는 첫 번째 파도가 일었으며, 처음으로 많은 질문이 던져졌고 교황은 다른 종교와의 대화를 권장했다. 우리 중 몇 명은 다른 영적 전통을 지닌 그 지역 사람들과 친분을 갖게 되었다. 우리는 동양 종교의 영성 지도자들과 다른 종교에 친숙한 가톨릭 신학자들을 초대하여 이야기를 나누었다. 이때만 해도 토머스 머튼 신부가 아직 살아 있어서 종교 간 대화에 관한 그의 연구와 교류(서신 교환과 대화)에 대해 집중적으로 저술하고 있었다. 그는 당시 세계 종교 간 대화에서 그리스도교의 입장을 가장 잘 대변하던 선구자였다.

그런 마음가짐으로 우리 수도원을 방문하고 싶어 하던 선禪 스승 한 명을 초청하여 강의와 함께 일주일 집중 피정인 마음을 모으는 수행을 지도하게 했다. 그 후 9년 동안, 그는 인근 피정의 집에서 1년에 한두 번씩 피정을 지도했다. 그동안 나는 그와 함께 여러 번 선불교 식의 수행인 세씬(修身, sesshine)을 하는 특권을 누렸다. 그가 우리 수도원에서 첫 번째 수행을 하는 동안, 시토회 수도복을 입고 우리와 함께 식당에서 식사를 했다. 그의 70회 생일에는 반가부좌 자세로 함께 케이크를 먹는 사진을 찍기도 했다.

우리는 또한 초월 명상을 통하여 힌두 전통도 접했다. 스펜서 수도원에서 진출한 버지니아 주 베리빌에 있는 거룩한 십자가 수도원의 폴 마레칼 수사는 초월 명상 지도자가 되어 우리에게 그 수련을 소개했다. 그는 우리 공동체의 많은 사람들이 그것을 경험해 보기를 바랐다.

우리는 이러한 전통을 접하면서 도움을 받았다. 그리고 수도원을 방문한 사람들과 대화하면서, 내가 30년 넘게 공부하고 수련해 온 그리스도교 관상 전통과 동양의 지혜를 조화시키기 위해 노력하는 동안 자연스럽게 여러 가지 의문이 떠올랐다.

베네딕토회와 시토회의 기본적인 묵상 수련은 거룩한 독서Lectio Divina이다. 이는 깊게 기도하듯 집중하여 성경을 읽음으로써 관상으로 나아가게 한다. 그런데 나는 여러 해 동안 거룩한 독서를 하면서 수련이 애매해짐을 느꼈다. 거룩한 독서를 위해 주어지는 독서 자료들이 너무 많아진 탓이었다.

처음에는 성경이나 초대 교부들의 주해를 읽는 정도였는데, 지금은 넓은 의미의 영적 독서로 그 해석이 확대되었다. 그러면서 보다 깊이 기도하려는 것에서 지적인 자극을 추구하는 것으로 그 목적이 바뀌었다. 그 사이에 기도는 점차 논리적 묵상, 정감적 기도, 헌신적 열망을 되풀이하는 것(능동적 기도처럼 한 소절을 되풀이하는 것)으로 단단히 분화되어 거룩한 독서를 통해 관상으로 가는 원래의 흐름이 흐트러졌다. 그리하여 관상은 거룩한 독서와 그리스도교 기도에서 정상적으로 피어나는 것이 아닌, 예외적인 선물로 간주되었다.

대부분의 경우 거룩한 독서의 방법은 성녀 데레사가 말한 주입된 평정, 평정의 기도, 일치의 기도, 온전한 일치의 기도와 같은 관상 상태로 사람들을, 심지어 봉쇄 수도원 수도자들을 이끌어 주는 본래의 일을 하지 못한다고 나는 인식했다. 이 모든 것은 하느님의 현존에 깊어지는 경험들이다.

나는 관상적으로 살기 위해 수도원에 들어왔다. 당시만 해도 엄격한 수도 생활이 관상으로 이끄는 데 필요한 길이라고 믿었기에, 나는 가장 엄격한 수도회를 택했다. 트라피스트 수도회는 내 뜻과 맞는 훌륭한 선택이었다. 그곳에는 17세기 라 트라프 수도 개혁으로 거슬러 올라가는 오랜 전통의 보속 수련이 있었다. 이 개혁은 얀센주의의 영향을 일부 받았다. 얀센주의는 인간의 본성과 신체에 대해 부정적인 견해를 보였는데, 나중에 교황에 의해 단죄되었다. 침묵은 수도원의 규율이었고 수련생은 처음 3년 동안 수도원장과 수련장하고만 이야기할 수 있었다. 그것도 아주 짧은 면담 이외에는 대화의 기회가 거의 주어지지 않았다. 그때 나는 다른 수도자들의 개인사나 입회

동기 등에 대해 전혀 알지 못했다. 그들의 성姓조차 몰랐다.

   1970년대에 종교 간 대화를 위해 수도원을 방문하는 동양의 영적 스승, 선禪 스승, 초월 명상 지도자들은 어떻게 트라피스트회가 요구하는 참회 수련을 거치지 않고 중요한 영적 수련을 경험할 수 있었는가? 젊은이들은 침묵과 고독과 정규적인 묵상 수련 등의 가치를 크게 인정하고 있었다. 활동적인 수도자나 사제들, 봉쇄 수도원의 수도자들은 하루 30분의 묵상도 하기 어려운 것처럼 보이는 반면, 대학에 다니거나 전문직에 종사하면서 하루에 두 번, 20~30분간 명상하는 젊은이들을 만나는 것은 매우 인상적이었다.

   나는 또한 현대 사회가 영성에 많이 굶주려 있다는 것도 알게 되었다. 제2차 바티칸 공의회가 불을 붙인 영적 재각성의 파도를 타고, 세계 곳곳에서 수천 명의 젊은이들이 영적 스승을 찾아 인도로 향했다. 어떤 이는 열악한 환경에서 수년간 지내기도 했다. 그들은 진정한 영적 여정에 대한 허기를 채우고자 가난, 헐벗음, 질병, 나쁜 음식까지도 받아들인 것이다.

   나는 '그래, 그것도 좋지.' 하고 생각했다. 선 수련의 진지함에 매혹되지도 않았지만, 많은 사람들이 선 수련이나 동양의 다른 수련에서 만족을 얻고 있다는 사실을 부정하지도 않았다. 그렇지만 이 나라에 관상 수도회가 많이 있는데도 왜 여름만 되면 수많은 젊은이들이 깨달음을 얻으려고 인도로 가는 것인가? 이 질문은 또 다른 질문으로 연결되었다. 왜 그들은 우리를 찾아오지 않는가? 물론 오는 사람도 있지만 극소수에 불과했다. 이곳을 찾아온 이들과 대화하면서 다소 놀랐던 사실은, 그들이 그리스도교 영성이 있음을 들어 보지 못했다는 것이다. 자신이 다니던 가톨릭교회나 가톨릭 학교에서도 들어 본 적이 없다고 했다. 결국 그들은 그리스도교 관상 기도를 찾거나 가톨릭 수도원을 방문한다는 생각조차 하지 못한 셈이었다. 가톨릭에도 영성이 있다는 말을 들었을 때, 그들은 매우 놀라워하며 큰 호기심을 보였다.

  스펜서 수도원은 뉴잉글랜드 지역(미국 동북부 대서양 연안에 있는 지역을 통틀어 이르는 말. 메인, 뉴햄프셔, 버몬트, 매사추세츠, 로드아일랜드, 코네티컷의 여섯 주가 포함된다.−편집자 주)에 사는 많은 젊은이들을 끌어들이는 역할을 했다. 그들은 자신들의 수련과 경험에 관해 즐겨 이야기했다. 많은 사람들이 그리스도교 전통에서 말하는 관상과 아주 유사한 경험을 했다. 그런데 내가 그리스도교 전통을 깊이 연구하고 열심히 수련했음에도 불구하고, 수도원 공동체 회의에서 이런 이야기를 하면 많은 수도자들이 받아들이지 않았다. 그들은 관상에 대해 듣기를 원치 않았다. 방문객 숙소에 피정하러 온 사제들도 들으려 하지 않았다. 관상은 봉쇄 수도원의 몫이므로 자신들의 일과 무관하다고 여기도록 신학교에서 훈련을 받았기 때문이다. 만일 본당 사제나 신학교 교수들이 관상은 자신들이나 학생들에게 적합하지 않다고 생각했다면 평신도들이 그렇게 생각하는 것은 당연하다.

  1975년 이전에는 관상에 대한 인식이 부정적이었을 뿐만 아니라 그 의미가 애매해서 관상을 기도의 한 형태라기보다는 생활 양식으로 보았다. '관상'이란 단어는 일반적으로 엄청난 자기 부정을 요하는 생활 양식을 뜻하는 것으로 제한되어 있었다. 그래서 일반인들은 그에 대한 소명이 없거나, 매력을 느끼지 못하거나, 자신의 직무 때문에 도무지 할 수 없다는 이유로 엄두도 내지 못했다.

　1970년대 중반 무렵, 나는 우리 수도 공동체 회의에서 질문을 제기했다. "우리가 그리스도교 전통을 어떤 형태로 만들어, 활동적인 사목을 하는 사람들이 접근할 수 있게 하는 방법은 없을까? 동양의 수련 방법을 지도받은 젊은이들이 그리스도교 전통에도 그와 유사한 것이 있음을 알았을 때, 그리스도교 전통으로 되돌아오게 하는 방법은 없을까?" 나 스스로 그리스도교 관상을 추구하고자 평생을 바쳐 그 위대한 가치를 인정해 왔다. 만일 우리가 그것을 적절한 방법으로 사람들에게 제시할 수 있다면 얼마나 좋을까? 바로 여기에서 발견할 수 있는 것을 찾으려고 동양으로 가는 사람들, 그들로부터 교회가 완전히 외면당했음을 알게 된 것은 서글픈 일이었다.

　내가 공동체에 문제를 제기했을 때 윌리엄 메닝거 신부가 이를 진지하게 받아들였다. 그는 14세기 영성의 고전인 「무지의 구름」에 바탕을 두고 '구름의 기도'라는 제목으로 방법을 구성했다. 그리고 피정의 집에서 이것을 사제들에게 가르치기 시작했다. 매우 긍정적인 반응이 돌아오자, 그는 이것을 오디오테이프로 만들었다. 이 테이프가 15,000개 이상 팔리면서, 「무지의 구름」의 저자가 권고하는 단순한 형태의 기도를 많은 사람들에게 알리는 기폭제가 되었다. 이 기도는 '하느님', '사랑' 등의 한 단어를 사용하여 "하느님께 향하는 순수한 지향"을 나타낸다.

　이즈음에 우리 공동체는 미국 내 남자 수도원 장상위원회로부터 기도를 도와달라는 요청을 받았다. 1970년대 초에는 60년대를 지배했던 열정적인 사회 활동의 흐름이 어느 정도 소강상태를 보이고 있었다. 그런데 제2차 바티칸 공의회 이후에 많은 사제와 수도자들이 아무런 준비 없이 빈민 사목에 뛰어들었다. 곧 그들은 지쳐 버렸다. 준비만 제대로 했더라면 더 많은 일을 할 수 있었을 텐데도 더 이상 봉사하지 못하는 경우가 생겼다. 그들의 의도는 훌륭했지만 준비가 미흡했던 것이다. 빈민 사목을 하려면 내면 깊은 곳에서 그 원천을 마련해야 하는데 그러지 못했다.

수도회 장상들도 제2차 바티칸 공의회 이후에 따라온 수도 생활의 심각한 대변동으로 상당한 정신적 피로를 느끼고 있던 때였다. 장상위원회는 우리 공동체의 바실 신부에게 실질적인 도움을 요청했다. 바실 신부는 당시 교회법 모임에 참석한 적이 있어 그들에게 알려져 있었다. 우리는 윌리엄 메닝거 신부가 방문자 숙소에서 사제들에게 가르치던,「무지의 구름」에 기초한 기도 방법을 어떻게 소개할 것인지를 고심했다.

바실 신부는 처음에 코네티컷에 있는 커다란 피정의 집에서 여러 수도회에서 모인 지방의 관구장들과 피정을 했다. 그 과정에서 소개한 수련 방법을 "향심 기도"로 부르자고 제안한 것은 바로 그들이었다. 아마도 토머스 머튼이 저서에서 이 말을 사용한 데서 비롯된 것 같다.

1976년 초에 바실 신부는 스펜서 수도원의 방문자 숙소에서 처음에는 사제들에게, 그 다음에는 원하는 이들에게 워크숍처럼 향심 기도를 가르치기 시작했다. 2년 후에 우리는 모든 참가자들을 수용할 수 없음을 깨닫고 다른 방법을 생각했다. 피정에 참가한 이들이 다른 곳에서 사람들을 가르칠 수 있도록 도와주는 프로그램을 만든 것이다. 조금 더 발전된 모습이라고 할 수 있겠다. 이 프로그램은 20분간 이루어지는 네 기간의 기도와 함께 사이사이에 5~10분 정도 침묵하며 걷는 것으로 구성되어 있다. 몇몇 수도자들과 방문자 숙소에 오는 이들은 '산송장'처럼 주변을 걷는 사람들의 모습이 으스스하다고 불평했다. 1981년 가을, 내가 수도원장직을 사임하자 스펜서 수도원은 그 프로그램을 중단했고 이전에 하던 방식의 피정 형태로 되돌아갔다.

　나는 콜로라도 주 스노매스에 있는 성 베네딕토 수도원으로 갔다. 하지만 거기에서 향심 기도를 가르치겠다는 생각은 없었다. 그런데 1982년 5월에 아스펜(스노매스와 가까우며 스키장으로 유명한 곳—옮긴이 주) 본당의 보좌 신부가 한 주에 한 번씩 4주 동안 기도에 관해 이야기해 달라고 나에게 요청했다. 이 소식을 본당 주보에 조그맣게 실었는데도 80여 명이나 모였다. 그 후 나는 트라피스트 수도원과 베네딕토 수도원에서 여러 번 피정을 지도했는데, 거기서 영적 여정에 관해 비디오테이프에 담을 만한 자료를 준비해 나갔고 1986년 늦은 가을에 녹화를 마쳤다.

　1982년 여름에 나는 뉴멕시코에 있는 라마 재단을 방문했다. 이 재단은 영성을 추구하는 사람들이 교파를 초월하여 모이는 공동체였다. 마침 그곳에서 워크숍을 하고 있던 람 다스Ram Dass의 요청으로 강의를 시작하게 됐다. 참석자들 중 최소한 반은 가톨릭 신자였고 유다인도 상당수 있었으며 여러 종파의 사람들과 그 외의 사람들도 더러 있었다. 나는 가톨릭 신자들의 참가 비율에 매우 놀랐고 이상하게 여겨지기까지 했다. "도대체 이 가톨릭 신자들이 어디에서 온 것일까?" 그들 중 대부분은 어려서 본당이나 가톨릭 학교에서 법을 엄격히 따르고 지나치게 도덕적인 교육을 받아 종교에 싫증을 느꼈는데, 지금은 불교나 힌두교에서 얻은 체험을 통해 영적으로 풍성해졌다고 생각하고 있었다.

　라마에서 그들은 동양 종교에 대한 나의 존경을 환영했다. 자기들의 영적 체험을 받아들이는 사제를 아직까지 만나 보지 못했던 것이다. 가톨릭 신자들도 어릴 때 겪어야 했던 그들의 문제에 대해 내가 안타까워하고 있음을 알게 되었다. 콜로라도에 와서 처음 2년 동안, 나는 동양 종교의 여러 공동체들을 방문했는데 그때마다 비슷한 수의 가톨릭 신자들을 만났다. 그들은 종종 자신들의 분노와 아픔을 털어놓았고, 나는 마치 내가 감정의 찌꺼기를 수거하러 나온 사람처럼 느껴졌다. 당시 교회는 어떤 영성적인 모습을 보여 주지 못했다. 적어도 평신도들에게는 그러했다.

　1983년 8월 라마 집중 연구 센터에서 프로그램을 진행해 달라는 요청이 들어왔고 나는 이를 수락했다. 그동안 나는 그리스도교 관상 피정을 선불교 수행 방법과 유사한 형태로 만들어 오랜 시간 침묵하면서 묵상하면 어떨까 하고 생각해 왔다. 그런데 이러한 것은 내가 알고 있는 한 그리스도교 전통에는 없던 것이었다. 30일간 피정하는 이냐시오 영성 훈련 중에 3~4시간 동안 묵상하는 부분이 있지만, 이는 묵상 주제와 그에 필요한 정신력을 고도로 프로그램화한 것이다. 나는 일반 가톨릭 신자들이 2주 정도의 기간에 프로그램화되지 않은 기도를 매일 하면 어떤 효과가 나타날지 궁금했다.

　이것은 분수령을 이루는 체험이 되었다. 나는 한 주간의 선禪 수행을 하려면 두 배 정도의 시간이 필요하다고 생각해 2주 과정을 선택했다. 또 참가자들이 당황하는 것을 원하지 않으므로 매일 5시간 정도 관상 기도를 하도록 했다. 그리고 나중에 '영적 여정'이라는 비디오테이프에 나오게 되는 자료와 거룩한 독서를 소개하며 향심 기도 수련도 가르쳤다. 하루 종일 침묵한 다음, 저녁에 토론하는 시간을 가졌다.

　이 피정은 아주 원시적인 조건에서 이루어졌다. 더운 물은 물론이요 수도 시설이나 전깃불도 없었다. 전화를 걸려면 800m 정도 걸어가야 했는데, 12명의 피정 참가자들에게는 이러한 상황 자체가 일상생활에서 벗어난 것이었다. 하지만 다소 충격적이기도 했던 그 상황이 사람들을 한데 묶어 주는 역할을 하기도 했다. 처음에 피정에 참가한 사람들의 반이 지금 관상 기도 지원단의 기둥으로 활동하고 있다. 그들은 게일 피츠패트릭 호플러Gail Fitzpatrick-Hopler, 칼 아리코Carl Arico 신부, 빌 쉬한Bill Sheehan 신부, 나중에 데이비드 프레넷David Frenette과 함께 뉴욕 워릭Warwick에 관상 기도 공동체인 크리살리스 하우스Chrysalis House를 세운 메리 므로조프스키Mary Mrozowski 등이다. 패트 존슨Pat Johnson과 메리 앤 매디슨Mary Ann Matheson은 당시 라마 재단 공동체 회원으로서 재단에서 실시하는 워크숍에 봉사하고 있었다. 이들은 지금 스노매스 수도원에서 매달 하는 집중 워크숍 봉사자로 일하고 있다. 라마에서의 경험을 토대로, 나는 그리스도교 관상 전통이 아직 잘 살아 있고 워크숍을 통해 개인적인 관상 수련의 기초를 놓는 데 이 경험을 활용할 수 있겠다는 확신을 얻었다.

　1983년 11월 거스 레이닝거Gus Reininger는 베네딕토 수도원에서 피정하는 동안, 각 본당에 향심 기도를 가르치는 단체를 만들자고 제안했다. 나는 실험적으로 본당에서 워크숍을 열어 보자고 했고, 거스와 그의 아내 게일Gale은 재빨리 뉴욕의 성 이냐시오 본당에서 그해 12월 워크숍을 주선했다. 이듬해

봄과 여름에 워크숍을 했고 나와 바실 페닝턴Basil Pennington 신부, 칼 아리코 신부가 이를 맡았다. 175명이 넘는 사람들이 워크숍에 참여했고 빅터 야니텔리Victor Yanitelli(故, 예수회) 본당 신부의 따뜻한 환영을 받았다. 향심 기도가 본당에서도 자리 잡을 수 있을 것이라는 직감이 적중한 셈이었다.

그즈음 컬럼비아대학교 토머스 머튼 센터 교목인 폴 딘터Paul Dinter 신부의 지도 아래 일하던 에드 베드나Ed Bednar가 관상 기도 하는 이들의 조직망 구축에 관심을 보였다. 이는 성 이냐시오 본당에서 열렸던 워크숍에 대한 매우 긍정적인 반응으로 생각되었다. 에드와 거스는 뉴욕의 유명한 종교 인사들을 초청하여 조심스럽게 회의를 개최했다. 이 회의에서 비롯된 열성으로 '관상지원단'이라는 단체가 탄생하게 되었다. 당시 우리의 야심 찬 목표는 본당과 교구 차원으로 향심 기도를 알리면서 봉사자와 가르치는 사람들을 훈련하는 한편, 관련 자료를 발전시키는 것이었다. 관상지원단의 첫 번째 향심 기도 행사는 350명 이상 참가한 성삼위 성당의 워크숍이었고, 거기에서 다른 본당의 워크숍과 지원 그룹이 파생되었다. 이와 더불어 그때 이미 뉴저지와 롱아일랜드에 있던 지원 그룹들과 연결되었다. 관상지원단은 이제 본격적인 궤도에 오르기 시작했다.

관상지원단 이사회를 구성하는 소수의 그룹이 토머스 머튼 센터에 정기적으로 모여 향심 기도 활동을 지원하고 임무선언문을 채택하여 미래를 계획했다. 처음에 에드 베드나와 메리 므로조프스키가 임시로 이사장직을 맡았고, 이후 게일 피츠패트릭 호플러가 상임 이사장이 되었다. 지금은 대표로 봉사하고 있다.

관상지원단의 임무선언문 원본을 보면, 우리 자신을 "그리스도교 변형 transformation의 전파와 그 과정에 투신하는 믿음 공동체의 조직망"으로 명시하고 있다. 관상지원단은 그러한 목표 아래 그리스도교 관상에 헌신하는 수많은 이에게 봉사하면서 워크숍과 피정을 지원했다. 이는 그리스도인이 걸어가야 할 여정을 완성해 주는 한편 향심 기도를 폭넓게 경험하는 데 큰 힘이 되어 주었다. 10일간의 집중 피정 이외에도 진보적 피정과 후속 피정들이 그 과정을 심화하는 데 도움을 주기 위해 발전을 거듭했다. 관상 지원 봉사를 위한 워크숍이 일 년에 여러 번 다양한 곳에서 열려 향심 기도와 함께 '그리스도인이 걸어가야 할 길이 무엇인가'에 대해 집중적으로 생각하게 만들었다. 봉사자와 지도자 양성을 위한 이러한 진보적인 교육 과정은 또한 현대인들에게 관상 여정이 진행되면서 겪게 되는 여러 가지 일들을 토의하는 기회를 만들어 주었다.

향심 기도에 대한 관심이 미국 전역에서 일고 있었다. 빌 쉬한 신부가 플로리다 지역에서 향심 기도 활동을 펼친 덕분에 플로리다 관상지원단에서 처음으로 지부가 형성되었다. 가슴을 열고 다른 사람들과 향심 기도를 나눈 한 사람의 영감을 통해 밑바닥에서 시작하여 다른 지부들도 형성되었다. 덴버의 프란시스 스태퍼드Francis Stafford 대주교는 1987년에 나와 관상지원단을 초대하여 덴버 대교구에 향심 기도에 관한 본당 워크숍을 요청했다. 이는 세계 최초로 교구 차원에서 향심 기도를 가르치는 체계적인 접근 모델이 되었다. 베르나데트 티즈데일Bernadette Teasdale 수녀가 관상 생활 센터를 세우고 운영을 계속하고 있는 이곳에서 많은 관상지원단 프로그램을 비롯하여 워크숍과 피정이 열리고 있다.

향심 기도는 미국을 넘어 아르헨티나, 오스트레일리아, 바하마, 브라질, 캐나다, 쿠바, 덴마크, 도미니카공화국, 엘살바도르, 프랑스, 가나, 괌, 온두라스, 아이슬란드, 아일랜드, 이탈리아, 이스라엘, 일본, 말레이시아, 멕시코, 네덜란드, 니카라과, 페루, 필리핀, 푸에르토리코, 루마니아, 싱가포르, 남아프리카, 한국, 스페인, 스위스, 영국, 베네수엘라, 버진아일랜드, 서인도제도로 확장되었다. 특히 지원 활동은 스페인어를 쓰는 국제 관상 확장 기구 Extension Contemplativa Internacionale, 번성하는 교도소 지원 활동, 관상적 차원의 과정인 12단계 프로그램 등을 통해 꽃피고 있다. 우리 프로그램은 성공회와 여러 그리스도교 종파 안에서 계속 성장하고 있다.

관상지원단, The Center for Action and Contemplation, The World Community for Christian Meditation은 공동으로 회의를 열었다. 이 공동체들이 함께 노력하고 애쓴 덕분에, 그리스도교 관상 영성에 관심 있는 청중이 구름처럼 모여들었다. 반년마다 나오는 소식지의 판매 부수가 5만 부에 달하고, 홈페이지(www.contemplativeoutreach.org)는 전 세계 방문자들이 찾고 있다.

지난 25년 동안 관상지원단은 일상 속에서 관상 수련을 하려는 사람들에게 여러 프로그램과 피정 등으로 지원을 아끼지 않았으며, 그리스도교 관상의 살아 있는 전통을 전하는 데 주력했다. 관상지원단은 발전하는 공동체로서 그리스도교 관상의 변화하는 요구에 부응하고자 비전을 확장하고 심도 깊은 수련을 하고 있다. 우리가 함께 겪는 고통과 분단된 세계의 울부짖음을 듣고자 관심을 두며, 이에 따른 성령의 부르심을 경청하고자 한다. 가장 중요한 것은 하느님의 첫 번째 언어인 침묵에 경청하면서 궁극적 실재와의 관계를 추구하는 것이다.

우리가 일상에서 복음의 관상적 차원을 살아가도록 힘을 주시는 분은 그리스도이시다. 이러한 확신이 지금의 우리를 있게 했고, 바로 거기서 모든 새로운 성장이 비롯될 것이라고 믿는다.

## 차례

한국 독자들에게
머리말
소개하는 글

## 수련
### THE PRACTICE

1장  하느님과 친구 되기 | 26
2장  의지와 지향-수련을 통해 움직여 가기 | 41
3장  하느님께 향하기 | 57
4장  신성한 치료 | 66
5장  체험 깊어지기 | 96
6장  관상 기도자를 위한 영적 지도 | 115

## 도움을 주는 수련들
### SUPPORTIVE PRACTICES

7장  거룩한 독서-성경 경청하기 | 128
8장  묵주 기도 | 142

## 세상 속의 향심 기도
CENTERING PRAYER IN THE WORLD

9장   그리스도교 관상 기도의 뿌리 | 156
10장  이 시대 관상의 비전 | 168
11장  성령 쇄신 | 190
12장  향심 기도의 신학적 원칙 | 204

용어 설명

감사의 글

옮긴이의 글

개정판 번역에 부쳐

# 수련
## THE PRACTICE

## 1장
## 하느님과 친구 되기

    그리스도인의 영적인 길은 하느님에 대한 깊은 신뢰에 기반을 둔다. 신뢰는 우리 안의 더 깊은 곳에서 하느님을 만나고자 하는 열망이 어둠 속에서 나오게 한다. 또한 우리의 존재를 친밀하게 가다듬도록, 우리의 고통과 상처와 무의식적인 동기 등을 변형시켜 우리가 하느님이 바라시는 사람이 되도록 이끌어 준다.

  신뢰는 매우 중요해서, 어릴 때 하느님에 대해 부정적인 태도를 지니면 이후의 영적 여정에 방해가 될 수 있다. 만일 하느님을 두려워한 나머지 그분을 화난 아버지나 의심쩍은 눈으로 바라보는 순경, 지독한 판사 등으로 생각한다면 영적 여정에 열성은커녕 흥미를 갖는 것조차 어려울 것이다.

  이렇게 어렸을 때 받은 종교적인 훈련으로 내면에 뿌리내린 하느님에 대한 부정적인 이미지는 사실 지난 세대에게 물려받은 것이다. 이는 성경의 가치에 대한 왜곡(때때로 180도 달라지는)을 보여 주는 종교적 가치관들을 나타낸다. 개신교도 마찬가지지만, 이렇게 심어진 가치관은 특히 가톨릭에서 더 크게 느껴져 왔다.

제2차 바티칸 공의회(1962-1966) 이전에는 "영성의 서양적 모델"로 일컬어지던 하느님을 대하는 여러 태도들을 교리 시간과 각종 종교 교육을 통해 가르쳐 왔다. 이 용어는 크레이턴 대학 교수인 리처드 하우저Richard Hauser 신부(예수회)의 책 「그의 성령 안에서 In His Spirit」에서 사용되었다. 그는 "영성"이란 말을 따옴표 안에 넣어야 한다고, 그 이유는 사람들에게 전해진 하느님에 대한 이해가 성경의 가르침을 올바르게 나타내지 않기 때문이라고 했다. 이는 오히려 18세기 이성의 시대의 영향을 크게 받아, 데카르트의 철학적 이원론이 주도하는 사상과 하느님은 '저기 멀리' 계시면서 이 천체를 기계적으로 관리한다는 뉴턴의 물리학으로 형성된 관점을 보여 주고 있다. 하우저 신부에 따르면, 결론적으로 '하느님 밖에 있는 자아'와 '자아 밖에 있는 하느님'이라는 딱딱한 이원론을 이룬다는 것이다. 이 이원론은, 우리는 하느님과 완전히 떨어져 지구상에서 하느님을 찾고 고통을 받으며 힘겨운 싸움을 하는 반면, 하느님은 저 멀리 천국에서 우리를 감시하고 심판하신다는 신념을 특징으로 하고 있다.

하우저 신부에 따르면, 제2차 바티칸 공의회 이후에도 많은 대학생들이 이러한 성향을 나타냈다고 한다. 이러한 것들이 성숙한 판단으로 새롭게 평가되고 바뀌지 않는다면, 무의식에 강하게 자리 잡아 자신도 모르게 표출되는 경향이 있다. 아동기의 종교 교육을 생각해 보면 쉽게 이해할 수 있을 것이다.

영성의 서양적 모델에서 나온 첫 번째 경향은 외적인 행동이 내적인 행동보다 중요하다는 것이다. '외적인 행동'은 전례에 참여하거나 단식, 자선, 육체적 보속 행위 같은 선행을 실천하는 것이다. '내적인 행동'은 외적인 행동으로 나타내는 내적인 동기를 뜻한다. 외적인 행동은 자부심이나 자기중심적인 동기, 하느님에 대한 사랑이나 다른 사람들에 대한 존경에서 나올 수 있다. 복음에서 예수님의 가르침은 분명하다. "먼저 잔 속을 깨끗이 하여라. 그러면 겉도 깨끗해질 것이다."

영성의 서양적 모델에서 나온 두 번째 경향은 무엇이든 내가 선행을 하면 하느님이 대신 갚아 주신다는 것이다. 이것을 신학적으로 표현하면, 펠라기우스 이단설(4세기 말에서 5세기 초에 펠라기우스에 의해 퍼진 이단설—옮긴이 주)에 가깝다. 어느 경기장의 관중석에 하느님이 앉아 관람하시는 동안, 우리는 죄를 용서받거나 하느님의 총애를 얻기 위해 그분을 회유하려는 싸움을 벌이는 것과 같은 생각이다. 우리가 잘하면 하느님은 엄지손가락을 위로 들어 올리시고 우리가 잘못하면 엄지손가락을 아래로 내리신다. 이와 반대로 복음은 우리 안에 계시는 성령의 영감으로 모든 선행이 시작되며, 우리는 성령의 부르심을 주의 깊게 듣고 성령이 이끄시는 대로 행동으로 옮기는 것이라고 가르친다.

영성의 서양적 모델에서 나오는 세 번째 경향은 예수님이 복음서에서 강조하신 가르침처럼, 지금 이 세상에서 하느님과 이웃을 사랑하는 일 대신 하늘나라에 가는 것에 지나치게 관심을 갖는 것이다. 이는 하느님 보시기에 저세상에서 상을 받으려고 이승에서 공로를 쌓는 노력으로 나타나곤 했다. 다음은 제2차 바티칸 공의회 이전에 '선한' 가톨릭 신자로 인정받았던 모델이다. 주일 미사에 충실히 참례하고, 금요일에는 절대로 고기를 먹지 않으며, 주일 미사 헌금을 넉넉히 낸다. 고해성사와 성체성사를 적어도 일 년에 한 번은 받고, 죽을 때에는 신부님이 종부성사를 베풀어 준 덕분에 최소한 연옥에는 간다. 어느 정도 정화한 다음에는 그 영혼을 위해 바친 미사 덕분에 정화의 기간이 줄어든다. 결국 이 사람은 내세에서 모범적이었던 신앙생활에 대해 보상받을 수 있다고 기대하게 된다. 이런 사람은 아내나 남편을 화나게 하거나 억압한 일, 아이들에게 소리 지른 일, 직원들에게 임금을 적게 지불한 일, 자기 주변이나 본당의 가난한 사람들을 소홀히 대한 일 등을 전혀 죄라고 생각하지 않는다. 그러나 결국 이 사람은 교리를 비롯한 가톨릭 신앙의 외적인 것들은 지켰을지 모르지만 복음을 실천하지는 못했다. 복음은 살아가야 하는 삶이지, 지켜야 하는 규칙들이 아니기 때문이다.

위의 예는 그리 지나친 것이 아니다. 제2차 바티칸 공의회 이전에는 말하자면, 지옥을 피하고 연옥에 머무는 기간을 줄이려고 하느님과 흥정하려는 분위기가 조성되어 있었다. 소위 공로가 되는 행위는 지나치게 과장되어 있었다. 그러면서도 순진하게 우리에게 진정으로 좋은 것이 무엇인지를 분명하게 보여 주는 성경 말씀을 멀리했다. 예를 들어 복음은 예수님이 우리를 사랑하신 것처럼 우리도 하느님과 이웃을 똑같이 무조건 사랑하라고 촉구한다. 그러나 사람들은 대개 미래에 받을 상벌에 지나치게 신경을 쓴 나머지, 지금 여기서 그리스도의 사랑을 이웃에게 보여 주어야 하는 신앙인의 일차적인 의무를 망각하는 경향이 있다. 이렇게 미래의 보상에 대한 강조는 그리스도인들로 하여금 사회 정의의 의무를 과소평가하게 만들었다. 그리고 이에 따른 책임은 지난 수 세기 동안 대부분 수도회가 떠맡고 있는 실정이다.

하느님이 당신께 바치는 유일한 희생은 자기 자신이라고 성경에 명시했음에도, 인간은 그 희생을 종종 다른 것으로 대체하려고 한다. 외적인 종교 수련에 몰두하는 심리의 밑바닥에는 하느님이 자신을 지옥으로 보내실까 봐 두려워해서 그분을 회유하려는 마음이 깔려 있다. 이는 타이포닉 의식Typhonic consciousness으로, 원시인이나 2살에서 4살 사이의 유아에 해당하는 의식 수준이다. 이렇게 규칙 준수 위주의 생활에는 분명히 교묘한 심리적 접근이 담겨 있다. '만일 내가 매주 미사에 참례하고 죄를 고백하면, 내 생활 태도에 대한 가치관을 바꾸지 않아도 모든 것이 잘될 거야.' 하고 생각하는 것이다.

신학자들이 최근에 다시 발견하고 바티칸 공의회 문헌에 명시된 영성의 성경적 모델은, 교회가 그리스도교의 가르침과 가치관을 순수하게 성경적인 근원에서 인정하고 재조명하여 새롭게 하도록 만들었다. 성경에 쓰인 언어의 원래 의미와 문화적 맥락을 연구하는 학자들 덕분에 첫 사도들이 죽은 이래, 이 시대는 성경 저자들의 진정한 의도를 더욱 잘 이해하게 되었다.

성경적 모델은 서양적 모델과 완전히 반대되는 모습을 보인다. 성경은 외적인 행동보다 내적인 동기가 더욱 중요하다고 가르친다. 이는 예수님이 바리사이들에게 "안식일이 사람을 위해 만들어진 것이지 사람이 안식일을 위해 만들어진 것이 아니다."라고 하신 말씀과 같다. 당시 바리사이들은 인간이 만든 전통을 따랐지, 모세의 율법과 예언자들이 영감을 준 전통을 따른 것이 아니었다.

성전(聖傳, Tradition)은 전통과는 다르다. 그리스도교의 성전은 복음의 살아 있는 체험이다. 이 성전을 실천에 옮기면 거짓 자아 체제와 잘못된 가치 체계, 뼈아픈 자아 성찰과 이를 보상받으려는 욕구에서 비롯된 지나친 요구들을 함께 무너뜨리는 것이 된다. 우리는 이 성전을 살아간다. 우리는 자신의 삶과 그에 대한 반응에서, 이것이 마치 예수 그리스도에 대한 진정한 응답인 것처럼 이 성전을 살아간다. 전통은 인간적인 해석을 말하며, 사람들은 이를 하느님과 이웃 사랑 이상으로 치켜세워 왔다. 예수님은 사람들의 이러한 태도를 통렬히 비난하셨다. 그분은 바리사이들에게 "너희는 힘겨운 짐을 사람들에게 지워 놓고, 너희 자신들은 그 짐에 손가락 하나 대려고 하지 않는다. 너희는 하늘나라에 들어가지 않으면서 다른 사람들도 들어가지 못하게 막고 있다."고 말씀하셨다. 바리사이들은 도덕을 앞세운 사람들로 다른 이들보다 우월한 위치에 있다. 하지만 그들이 율법을 지키는 모습을 보면, 적어도 네 명의 복음사가에 의하면, 지나친 허영과 자만심의 지배를 받았다. 그들은 다른 사람들의 주의를 끌려고 지나친 행동을 했다. 가령 자선을 베풀 때는 남에게 보이기 위해 나팔을 불기까지 했다. 예수님은 바리사이들의 위선적인 가면을 벗기는 한편, 창녀와 같은 사회적 약자들이나 당시 착취자의 대명사로 알려진 세리들에게 지극한 동정심을 보이셨다.

진정 하느님에게서 영감을 받은 일을 시작하는 것은 '하느님 밖에 있는 자아'라는 서양적 모델이 아니고 '하느님 안에 있는 자아'와 '자아 안에 있는 하느님'이다. 영성의 성경적 모델에 의하면, 성령은 우리 안에 계시면서 모든 좋은 일을 하도록 영감을 주는 원천이며 우리는 거기에 동의하는 것이다. 신약 성경의 메시지는 성령에 귀를 기울이고 그에 응답하라는 것이지, 하느님과 아무 관련도 없는 일을 시작하면서 그분이 뒷받침해 주실 거라고 기대하라는 것이 아니다. 영성 생활의 출발점이 '신성한 내재'(Divine Indwelling, 하느님이 우리 안에 현존하심)에 대한 믿음에서 동떨어진 것이었으면, 사람들은 하느님이 '저 밖에 계신다'고 생각한다. 만일 하느님이 '저 밖에', 특히 먼 하늘에 계시다면 어떻게 하느님께 올라갈 수 있겠는가? 만일 몇 발자국 못 가서 넘어진다면, 우리는 으레 그렇듯이 "이것은 나에게 맞지 않아. 하느님과 나는 잘 어울리지 않는단 말이야." 하며 단정 지을 것이다. 만일 하느님이 수백만 킬로미터나 떨어져 계시고 우리가 그곳으로 올라가야 하거나 우리 스스로 하느님에게 합당한 사람이 되어야 한다고 생각한다면, 어떻게 영성 생활 중에 부딪치는 어려움을 뚫고 나갈 수 있겠는가.

 영성의 성경적 모델은 지금 이 자리에서 하느님과 더욱 일치할 수 있도록 노력하며 도움이 필요한 사람들에게 봉사할 것을 강조한다. 영성의 서양적 모델에 대해 객관적으로 말하자면, 성령의 중요성을 추상적으로는 인정해 왔지만 일반 교리 교육에서는 잘 설명되지 않았다. 내가 어릴 적에는 성령을 "잊어버린 손님"이라고 불렀다. 이는 마치 결혼 50주년을 축하하는 가족 잔치에서 50년 동안 함께해 왔던 배우자의 존재를 잊어버리고, '이 낯선 사람이 내 집에서 뭘 하는 거야?' 하고 생각하는 것과 같다.

이렇게 성령이 나의 삶에 현존하시며 활동하신다는 사실을 잊고 있어서 영적 여정으로 나아가지 못했다. 대개 "영적 여정은 관상 수도회 수도자들에게 맡긴다."는 식으로 생각하기 일쑤였다. 그러다 보니 "수도자들에게 나를 위해 기도해 달라고 편지를 쓰자."는 결론이 돌아왔다. 교회의 가르침을 받아들이고 지키라는 의무를 충실히 이행하기만 하면, 마음 놓고 하고 싶은 일을 할 수 있었다. 하지만 우리는 잘못 알고 있는 것이다. 선하고 충실한 그리스도인이란 일상생활에서 복음을 사는 사람이다. 복음을 읽기만 할 뿐, 자신이 원하는 쪽으로 하느님을 갖다 맞추려는 사람이 아니다.

영성의 서양적 모델에 따르면, 우리가 좋은 일을 하기만 하면 하느님은 언제나 이 세상에서도 좋은 것으로 갚아 주신다고 했다. 이렇게 복음을 알지 못했고 잘못 이해했기에, 어떤 그리스도인들은 예수 그리스도를 믿으면 대가를 받는다면서, 모든 것이 잘되며 아무 걱정이 없고 하는 일마다 성공하여 축복받을 것이며 시련도 당하지 않을 거라는 믿음을 정당화하곤 했다. 대체 복음의 어떤 말씀이 그 신념을 뒷받침하고 있단 말인가? 어쨌든 이러한 생각이 보편화되어 있어서, 우리는 자선과 같은 좋은 일을 하면 하느님이 지금 이 세상뿐만 아니라 저세상에서도 대가를 주실 것이라고 확신한다. 좋은 집에 살고, 직장이나 사업체에서 성공을 거두며, 사목 활동에서 좋은 결과를 얻을 것이라고. 반면 영성의 성경적 모델은 어디에서도 이러한 약속을 하지 않는다. 사실상 예수님이 행복의 이상을 표현하셨다고 볼 수 있는 참행복(眞福, Beatitude)은, 정의를 위해 박해받는 사람들이 가장 행복한 사람이라고 가르친다. 예수님을 위해 모든 것을 버린 사람들에게 그분이 약속하신 백배의 상은 물질적인 것이 아니다. 시편에서 영웅은 하느님을 위해 고통을 견뎌 내는 사람이다. 어려움에 처한 사람, 가난한 사람, 억압받는 사람, 고통 받는 사람들이 시편 저자의 끊임없는 관심거리였다. 시편 저자는 그들이 하느님의 눈에는 귀중한 보배라고 말했다. 이스라엘의 시편 작가와 예언자들의 글을 보면, 당신을 위해 고통과 어려움을 겪는 사람들의 복지와 보호와 구원에 관심을 두시는 하느님을 느낄 수 있다.

영성의 성경적 모델이 나타내는 네 번째 경향은 미래의 보상을 바라거나 하늘나라에 들어가는 것을 보장받고자 일하는 것이 아니라, 지금 여기서 하느님의 사랑을 키워 가야 할 필요성을 일깨운다는 것이다. 하느님에 대해 보상과 처벌의 개념을 떠올리는 것이 아동기에는 충분히 있을 수 있는 일이다. 그러나 적절한 종교 교육이 이루어졌다면, 자라면서 이 개념이 보다 성숙하게 발전되어야 한다. 진정한 종교 교육을 위해 가장 좋은 방법은 학생들에게 기도 방법과 덕을 수련하도록 가르쳐 복음의 관상적 차원을 그들이 이해하도록 하는 한편, 관상적 차원은 기도와 활동이 모두 성령의 이끄심에 인도되도록 하는 것이다.

미래를 보장받을 수 있을지 걱정하고 있는가? 우리에게 필요한 것은 보장된 미래가 아니다. 우리에게 필요한 것은 하느님에 대한 신뢰이며, 이 세상에서 하느님과 이웃을 사랑하고 봉사하는 데 필요한 일을 한다면 하느님이 우리의 미래를 잘 보살펴 주실 것이라고 굳게 믿는 것이다. 하느님이 우리를 위해 원하시지 않는 미래를 왜 바라고 있는가? 우리는 현재의 순간순간에 계신 하느님을 찾기 위해 더욱 애써야 한다. 지금 이 순간이야말로 우리가 하느님을 찾을 수 있는 유일한 곳이다. 하느님은 영원하신 분이므로 미래가 아닌 현재에서 찾아야 한다. 성숙한 그리스도인의 태도를 발전시키기 위해서는 우리가 지금 할 수 있는 일―특히 "아빠, 아버지"라고 부르는 절대 진리이신 분과 관계 맺는 일―에 집중하도록 적절한 수련을 해야 한다. 아빠는 모든 피조물에게 큰 관심을 두고 계시는데, 다른 어떤 피조물보다도 하느님의 선하심을 드러내도록 부르신 인간에게 특별한 관심을 두신다. 하느님은 인간의 진취적 모험의 일부분이다. 그리스도의 강생을 통하여 하느님은 있는 그대로의 인간 조건과 당신을 동일시하고 있음을 드러내신다. 하느님에 대한 우리의 태도는 이러한 계시에 근거를 두어야 한다. 다음 세대에 가면 바뀌어 버릴지도 모를 철학적 사유나 과학적 발견에 기초를 두어서는 안 된다.

　이 세대는 제2차 바티칸 공의회로 말미암아 얀센주의라는 파괴적인 가르침에서 마침내 구출됐다. 얀센주의는 복음을 왜곡한 이단설의 하나로 신학교와 주요 가톨릭 교리에 교묘히 스며들어 있었다. 얀센주의는 인간의 육신은 완전히 타락했기 때문에 그리스도께서 가져다주시는 구원은 누구에게나 주시는 보편적인 구원이 아니라고 가르친다. 이 가르침의 상징으로 십자가 위의 예수님이 두 손을 머리 위로 올린 고상苦像을 들면서, 이는 그리스도가 온 세상이 아닌 선택된 소수만 끌어안으심을 의미한다는 것이다. 이렇게 인간의 속성이 절망적으로 타락했다는 부정적인 견해는 극단적인 보속 행위로 자신을 수련하도록 만들었다. 이 가르침은 프랑스에서 퍼져 나와 프랑스 혁명으로 피난하는 사람들과 함께 유럽 전역에 번져 나갔다. 아일랜드 신학교로 스며들었고 이민한 사제들과 함께 미국에도 들어갔다. 얀센주의가 오래 전에 교회에 의해 단죄되었는데도, 인간의 속성에 대한 이 같은 고질적인 불신과 하느님에 대한 병적인 두려움은 제2차 바티칸 공의회 이전까지 대부분의 가톨릭 교육 기관을 지배했다.

　'하느님 밖에 있는 자아'의 서양적 모델은 하느님에 대해 희화적인 태도를 갖게 하는 경향이 있다. 어릴 적에 우리는 하느님에 대한 이 같은 잘못된 태도를 부모나 선생에게서 받았다. 아무리 의도가 좋았다 해도 잘못된 개념의 종교 교육은 하느님을 자신의 뜻에 무조건 복종하도록 요구하는 폭군으로 보이게 만들 수 있다. 이것은 아주 인위적인 하느님의 모습이다. 신화나 동화를 통해 아이들은 폭군의 모습을 알고 있다. 하느님을 폭군으로 보는 아이는 강제로 떠밀기 전에는 결코 하느님께 가까이 가려 하지 않을 것이다.

아이들이 어른들로부터 물려받은 또 다른 하느님의 모습은 망치를 들고 유죄 판결을 내릴 준비가 되어 있는 무자비한 판사 이미지다. 이 역시 하느님에 대해 지나친 두려움은 물론 공포심까지 갖게 만들 수 있다. 그 다음으로는 작은 잘못을 저질러도 잡으려고 언제나 뒤를 밟고 있는 경찰 이미지다. 하느님을 이렇게 생각하는 아이는 그분을 떠올릴 때마다 다음과 같은 정서적 판단을 내릴 것이다. "교회에서 뭐라고 말해도 하느님은 아주 위험한 존재야. 그분은 폭군이고, 언제나 뒤를 밟는 경찰이며, 영원한 지옥불로 떨어지라고 판결할 준비를 하는 판사야!"

이러한 성향은 변하기 어렵고 상당히 오래 간다. 어린 시절에 각인된 것들은 나중에 복음의 진정한 가르침을 받아들일 능력까지 깊게 조건화시켜 버리기 때문에, 신학적인 훈련을 한다 해도 큰 영향을 받지 못할 수 있다. 이러한 신념 체계는 마치 우리가 죄수처럼 발목에 쇠사슬이나 쇠공을 달고 다니는 것과 같다. 하느님은 사람들의 이러한 생각을 없애기 위해 아주 긴 시간을 보내셔야 할 것이다. 만약 하느님과의 신뢰를 발전시키기 위해 애쓰면서 용기를 불어넣어 주었더라면 이 모든 것을 피할 수 있었을 것이다. 즉, 부모와 선생이 모범을 보여 줌으로써 아이들을 잘 키우기 위해 노력했어야 하는 것이다. 부모의 성소聖召는 일상생활에서 자녀들에게 하느님의 사랑을 보여 주는 것이다. 이것은 분명히 혼인성사에서 받은 주된 은총 중 하나이다.

물론 여기에는 하느님에 대한 진정한 두려움도 있다. 그러나 이 두려움은 잔인하거나 악의에 찬 사람들에게 경고를 주기 위한 것으로서 그들의 폭력, 억압, 여러 가지 계획된 악행에 하느님의 노여움이 따르리라는 것을 깨닫게 하려는 것이다. 그런데 회심하여 영적 여정을 시작한 사람들에게는 이러한 두려움이 소용없다. 하느님은 생명을 주시는 분이라는 무한한 확신을 갖게 되었기 때문이다. 사실 '하느님에 대한 두려움' 이라는 말은 구약에서 "하느님과의 올바른 관계"를 뜻하는 기술적인 용어이다. 이것은 본능적으로 싸우거나 도망가게 만드는 정서적인 무서움을 말하는 것이 아니다. 정서적인 무서움은 그 성격상, 사람을 하느님에게서 가급적 멀리 떨어지도록 만드는 경향이 있다. 하느님에게 사랑으로 봉사하고 그 관계를 깊게 하려는 노력을 통해 신뢰가 쌓이게 된다. 우리가 하느님을 정서적으로 무서워하면 이러한 일이 이루어질 수 없다.

우리가 하느님에 대해 가지고 있는 여러 부정적인 성향을 성찰하지 않으면 영적 여정을 시작하는 데 큰 어려움이 따르게 된다. 하느님에 대한 우리의 기본적인 태도는, 아주 유치하고 하느님에게 맞지 않는 예전의 관계로 되돌아가려는 환경적인 요인들과 유혹에 자주 접하게 된다. 우리는 하느님에 대해 쉽게 판단하는데, 이는 아동기에 지녔던 의식을 투사하는 것이다. 우리는 또한 주변에서 권위 있는 사람들의 모습을 하느님에게 투사할 수도 있다. 만일 아버지가 지배적이고 전제적이었으면 하느님도 쉽게 지배적이고 전제적인 분으로 느껴진다. 만약 이러한 결과로 오는 영향이 위협적이면, 나중에 하느님의 진짜 모습을 받아들이기가 더욱 어려워진다. 그러나 아동기에 가졌던 하느님의 모습을 직시하고 떨쳐 버리면, 하느님과의 관계를 다시 평가하면서 그분과 친구가 될 수도 있다고 생각하게 될 것이다.

## 2장
# 의지와 지향
### - 수련을 통해 움직여 가기

 십자가의 성 요한은 이렇게 말했다. "하느님 아버지께서는 영원으로부터 침묵 속에서 한 말씀을 하신다. 그리고 우리는 이 침묵 속에서 그 말씀을 듣는다." 이 말에 의하면, 하느님의 첫 번째 언어는 침묵이고 나머지는 모두 부족한 표현이라고 볼 수 있다. 향심 기도나 다른 전통적인 수련 방법들은 우리의 오관을 정화시켜서, 하느님이 우리의 영과 내면의 가장 깊은 존재에게 아주 단순하게 하시는 말씀을 잘 받아들이도록 한다.

 그러므로 향심 기도는 엄격한 의미에서 관상 기도 자체가 아닌 관상을 준비하는 기도이다. 하지만 넓은 의미에서 본다면, 이는 관상 기도라는 사다리의 첫 단이라고 할 수 있다. 원칙적으로 말해서 향심 기도가 언제 엄격한 의미의 관상이 되는지는 알 수 없다. 우리는 단지 수련을 통해 그 방향으로 가고 있으며, 성령이 우리를 향해 다가오신다는 것을 알 뿐이다(44쪽 [그림 1] 참조). 수련을 반복하여 점점 익숙해질수록 성령이 주시는 지혜와 이해의 은사가 더욱 강해진다. 그리고 점차 성령께서 우리의 기도를 떠맡으시면서 우리가 하느님의 현존 안에 늘 쉴 수 있도록 해 주신다. 이러한 경험은 꼭 기도 중에만 가능한 것이 아니다. 일상생활에서도 경험하게 된다. 향심 기도를 통해 하느님을 기다리면, 우리의 내적 침묵이 향상되고 일상생활에서 성령의 섬세한 움직임에 민감해지면서 정화와 거룩함으로 인도된다.

---

**향심 기도의 지침**

1. 우리 안에 계신 하느님의 현존과 활동에 동의한다는 지향의 상징으로 거룩한 단어를 선택한다.
2. 편안히 앉아 눈을 감고, 잠시 마음을 가다듬은 다음, 하느님께서 내 안에서 현존하시고 활동하심에 동의한다는 상징으로 거룩한 단어를 떠올린다.
3. 어떤 생각이 마음속에 들어왔음을 인식하게 되면, 아주 부드럽게 그 거룩한 단어로 돌아간다.
4. 기도가 끝나면 눈을 감고 2~3분간 침묵 속에 머무른다.

이 수련 중에 우리의 활동이 아주 부드럽게 한몫을 한다. 우리의 활동이 최소한으로 줄어들 때 기도에 대한 우리의 공헌이 시작되고, 우리의 활동이 거의 알아볼 수 없을 정도가 되었을 때 그 공헌이 끝난다. 향심 기도의 기본적인 수련은 하느님께서 우리 안에 현존하시고 활동하시는 것에 동의한다는 지향을 나타내는 단어―예를 들어 '하느님', '아빠', '예수님', '평화', 혹은 이와 유사한 다른 단어들―를 선택하는 것과 우리의 지향이 점점 흐려질 때 그 단어로 되돌아가는 것이다. 생각과 감정의 흐름을 민감하게 따라가다 보면, 거룩한 단어로 아주 부드럽게 돌아가게 된다. 이 단어는 우리의 상상 속에 간직하는 것이며 입술이나 목소리로 표현하는 것이 아니다. 이것은 하느님께 "제가 여기 있습니다."라고 말하는 방법이다. 이것으로 자기 자신을 하느님 손에 맡긴다는 지향을 재확인한다.

이 수련을 하려면 조용한 장소에서 눈을 감는 것이 가장 좋다. 감각 기관의 정상적인 활동을 조금씩 잠재움으로써 아주 깊은 휴식을 발견하게 되고, 거기서 더욱 심오한 고요함이 솟아나게 된다. 습관이 강화되면 생각들이 늘 흐르던 방향으로 가게끔 내버려두고 필요할 때 거룩한 단어로 돌아가는 것이 점차 쉬워진다.

## [그림 1] 향심 기도의 역동

성령의 영감이 어떻게 관상으로 진행되는지를 보여 준다.

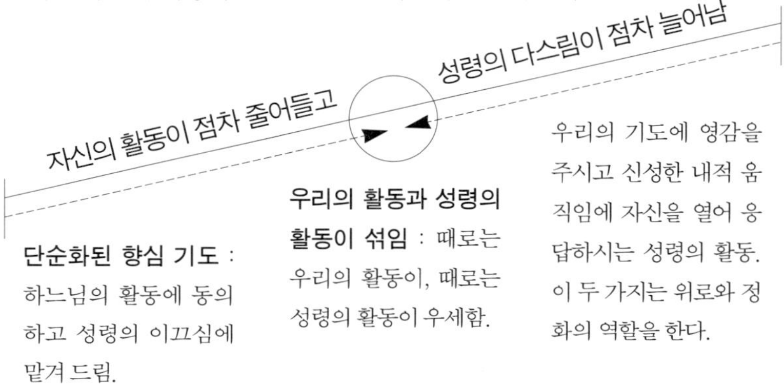

성령의 다스림이 점차 늘어남

자신의 활동이 점차 줄어들고

**단순화된 향심 기도** : 하느님의 활동에 동의하고 성령의 이끄심에 맡겨 드림.

**우리의 활동과 성령의 활동이 섞임** : 때로는 우리의 활동이, 때로는 성령의 활동이 우세함.

우리의 기도에 영감을 주시고 신성한 내적 움직임에 자신을 열어 응답하시는 성령의 활동. 이 두 가지는 위로와 정화의 역할을 한다.

---

향심 기도는 아마도 관상에 이르기 위해 만들어진 수련 가운데 가장 수용적인(소극적인) 방법일 것이다. '수용적receptive'이란 말은 무엇을 뜻하는가? [그림 2]에서 보듯, 여러 가지 수용적이고 주의집중적인 수련의 연속선상에서 향심 기도는 한쪽 끝을 나타낸다. 향심 기도는 주의(注意, attention)를 집중하는 수련이 아니며 주의를 연습하는 수련도 아니다. 그것은 지향(志向, intention) 훈련이다. 그것은 우리의 의지, 즉 우리가 선택하는 능력을 계발하려는 것이다. 또한 의지는 우리의 영적인 사랑의 능력이며 기본적으로 선택하는 것이다. 이는 사랑의 감정을 동반하기도 하지만 반드시 요구하지는 않는다. 하느님의 사랑은 감정이 아니다. 그것은 지속

적인 자아 포기의 태도이며, 하느님이 우리를 포함한 모든 생명체에게 관심을 가지시는 것처럼 우리도 다른 이에게 관심을 갖겠다는 마음가짐이나 태도이다.

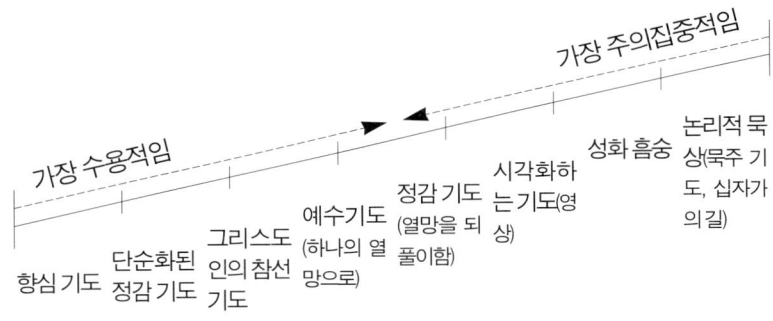

[그림 2] 관상을 준비하는 기도 방법

향심 기도는 하느님의 현존뿐만 아니라 그분의 활동도 받아들이는 것이다. 기도 중에(기도하지 않는 중에라도) 갖는 경험은 기본적으로 치유하시는 성령과 우리가 맺는 관계의 특성에서 이해되어야 한다. 왜 그런가? 우리는 병자이기 때문이다! 우리가 만일 건강하다고 생각하면서 이러한 성령의 치유 활동(전통적으로 정화라고 한다)을 체험하면 대단히 놀랄 것이다. 때때로 하느님 안에서 쉴 때 기대할 수 있는 행복한 고요를 경험하는 대신, 눈물을 흘리기까지 하는 강렬한 감정을 포함하여 무의식에서 나오는 격정적인 움직임에 부딪치기도 한다. 우리는 신뢰가 자라면서 이러한 일들을 기도 과정의 일부로 보고 그것을 감수할 수 있게 된다. 어떤 진료는 매우 고통스러울 수 있다. 이는 의사가 고통을 원해서가 아니라 우리의 질병이 심각해서 중대한 치료가 필요하기 때문이다.

의지는 커져 가는 하느님의 현존과 활동에 자기 자신을 내주는 습관을 길러 준다. 그러는 동안 우리의 기도 안에서 성령의 영향도 커져 간다. 44쪽의 [그림 1]을 보면, 성령이 우리를 향해 오는 것으로 생각할 수 있다. 향심 기도 수련이 깊어질수록 상호작용이 생겨서 때로는 우리의 부드러운 활동이 우세해지기도 하고, 때로는 성령이 기도를 떠맡기도 한다.

후자의 경험에서 우리는 주입된 평정, 고요의 기도, 일치의 기도, 온전한 일치의 기도라고 부르는 기도 상태를 발견할 수 있다. 이는 아빌라의 데레사가 「영혼의 성Interior Castle」(바오로딸, 1998)에서 밝힌 바 있다. 그것들은 우리의 기능이 침잠하는 수준이 된다. 동시에 이 상태를 받은 사람에게는 하느님 현존의 활동으로 간주된다. 이러한 상황에서 우리는 하느님의 활동을 다소간 인식하게 된다. 그렇지만 더욱 깊은 친밀의 수준에 들어갔을 때 이러한 하느님의 활동은 단지 현존 자체에 불과할 수가 있다. 지극히 친밀한 상태에서는 사실상 우리의 여러 기능이 그것을 해석하거나 경험으로 나타내 보일 수 없기 때문이다.

고요의 기도로 영적인 위안을 받았거나 일치의 기도로 하느님 안에 완전히 침잠했다는 것만으로 그 사람이 성인이 되었음을 뜻하지는 않는다. 성령의 활동은 치유의 힘을 지니고 있는데, 이는 오히려 우리가 너무나 병들어 있어서 특별한 치유가 필요하다는 것을 뜻하는지도 모른다. 그러므로 이러한 일들로 우쭐해져서는 안 된다. 반면, 우리는 그것에 저항해서도 안 된다. 그것들이 우리의 치유에 필요한 것인지도 모르기 때문이다. 깊은 치료 중에, 우리가 낫기 위해서 해야 할 첫 번째 일은 치유자와 전이(轉移, transference)를 경험하는 것이다. 이것은 신비로운 정서적 과정으로 우리가 치유자와 자신을 동일시하고, 어렸을 때 권위적인 인물과 맺었던 관계를 치유자에게 전이하는 것이다. 그러면 치유자는 우리가 어린 시절에 느껴 보지 못했을지도 모르는 '받아들임'을 보여 줄 수 있다. '받아들임'은 사랑받을 자격이 없다고 생각하는 것과 같은 정서적 결함을 치유한다. 우리는 연약하기에 다른 사람이 정서적으로 우리를 온전히 받아 주는 경험을 할 필요가 있다. 그렇지 않으면 온전한 자아 동일시를 이루거나, 영적 여정의 중요한 자산으로서 심리학자들이 말하는 강한 자아를 갖기가 어려워진다.

어린 시절부터 받은 많은 상처를 여태껏 지녀 온 자아를 우리가 하느님에게 드려야 하는 것이다. 어떤 사람들은 너무 결핍되어 왔기에 자신은 사랑받을 자격이 없을 뿐만 아니라 심지어 잘못 태어났다는 정서적 확신까지 가지고 있다. 이것은 현대 문화에 전염병처럼 번지고 있는 자기혐오라는 질병의 원천이 된다. 영적 여정을 발전시키기 위해서는 이 질병이 어느 정도 치유되어야 한다. 영적 여정은 자기 자신과 자아동일시를 포기하는 일이기 때문이다. 우리에게 자아나 자아동일시가 없다면, 무엇을 포기해야 할지 모르게 된다.

  영적인 위안을 강하게 받거나 일정 기간 동안 평화를 느끼고 원기를 회복하는 것은 하느님과 갖는 일종의 전이와 같다. 그러면 하느님은 우리의 부모가 어린 시절에 받은 상처 때문에 알게 모르게 초기 아동기 때의 우리를 거부했을지도 모르는 것을, 받아들이거나 확인해 주신다. 우리가 만일 자아 혐오와 어린 시절의 상처를 극복한다면 다음 세대에 상당한 공헌을 하게 될 것이다. 그러나 불행히도, 일반적으로 부모는 자녀가 다 자라기 전에 자신들의 잘못을 깨닫지 못한다. 하지만 이 문제에 대해 죄의식을 가질 필요는 없다. 이와 같은 슬픈 이야기는 아담과 하와 때부터 있어 왔기 때문이다. 이것이 바로 인간의 조건이다. 이에 대한 올바른 응답은 자신의 잘못을 받아들이고, 그것을 다루고, 그것에서 벗어나 성장하려고 노력하는 것이다. 이렇게 아주 현실적인 과정이 영적 여정의 중요한 측면이 된다. 진단적인 관점에서, 현대 심리학자들의 발견이 인간의 조건이 정말로 무엇인지를 이해하는 데 도움을 줄 수 있다. 그것은 병적(이상) 측면이다.

우리의 기도에서 성령이 우세해지면 향심 기도 중에 거룩한 단어나 상징을 쓰는 일이 점차 필요하지 않거나 중요하지 않게 된다. 우리의 기억이나 상상 수준에서 어떤 생각이나 감정에 끌리고 있음을 알게 되면, 우리는 자유롭게 거룩한 단어를 사용한다. 이것은 생각을 밀어내려는 것이 아니라 하느님의 현존에 동의한다는 원래의 지향을 재확인하려는 것이다. 시각적인 것을 지향하는 사람들은 하느님의 팔에 안겨 쉬고 있거나 하느님의 사랑 어린 눈빛에 머물고 있는 영상을 더 선호한다. 호흡에 맞추는 것도 허용되는데, 이는 특히 동양의 묵상 방법에서 호흡 수련을 받은 사람들에게 더 매력적이다. 그러나 다시 말하지만, 향심 기도 중에는 이러한 상징에 주의를 기울이지 않는다. 이러한 상징은 단지 우리의 지향을 나타내려고 사용하는 것이다. 거룩한 단어도 지향에 초점을 맞추려고 사용하는 것이지, 주의하는 대상으로서나 주의 집중을 위해 사용하는 것이 아니다.

거룩한 단어나 거룩한 상징은 비디오카메라에서 초점을 조절하는 기구와 같다. 만일 청중을 찍으려면 앞에 앉은 사람들에게 어느 정도 초점을 맞춰야 한다. 그러면 중간에 있는 사람들은 흐려진다. 또 중간에 있는 사람들을 찍으려면 그들에게 초점을 맞추어 렌즈를 조절해야 하며 뒤에 앉은 사람들에게도 이와 같이 해야 한다.

위와 같은 비유는 물리적인 차원의 명확성에 대해 말하는 것이다. 그러나 나는 다른 맥락에 관해 생각한다. 거룩한 단어가 가져다주는 초점 맞추기는 얼굴이나 물체, 상징 등을 상상 속의 초점에 맞추는 것이 아니라, 우리의 지향이 흐려질 때 그 지향에 초점을 맞추는 것이다. 지향은 관상 기도 수련에서 가장 중요한 요인이지만 향심 기도에서는 더더욱 그렇다. 기도 중에 우리가 하는 유일한 활동은, 하느님이 현존하시고 활동하심에 동의한다는 지향을 유지하는 것이다.

어떤 생각이나 감정, 혹은 인상에 이끌리거나 혐오하여 일상적인 인식 수준으로 다시 떠오르게 되면 지향은 흐려진다. 이는 그 생각이 무의식에 있는 행복을 위한 정서 프로그램 중 어느 부분을 자극하기 때문이다. 우리는 모두 그러한 부분을 가지고 있는데, 이는 어린 시절부터 품어 온 것이다. 우리가 비록 복음의 가치를 따르고자 어린 시절의 태도나 행동을 의식적으로 거부했다 하더라도, 정서 프로그램은 아직도 무의식 속에 잠재해 있다. 예를 들면, 우리는 종종 자신이 속한 특정한 문화에 있는 안전함의 상징에 정서적으로 집착하곤 한다. 우리가 어릴 때 느꼈던 불안함에서 오는 고통이 견디기 어려울 정도라면, 그 결핍된 기억을 무의식 속에 억압해 둔다. 그러나 무의식은 그것을 기억하고 있다. 정서는 에너지이므로 억압한다고 없어지지 않으며 신체에 저장된다. 신체는 적절하게 처리되지 않은 정서적 에너지를 저장하는 창고와 같다. 그 결과, 신체와 신경 계통에서 에너지의 원활한 흐름에 장애가 발생하게 된다. 이것은 다시 그 아픔을 감추기 위해 보상적 활동을 해야 할 필요를 더욱 강화한다. 중독이란 마주하고 싶지 않은 정서적 아픔에서 자신의 의식을 분산시키는 궁극적인 방법이다.

  이러한 측면에서 볼 때, 영적 여정은 인격 성장의 한 과정이다. 또한 어른으로서의 생활을 저해하거나 인간관계를 방해하는 어린 시절의 정서에 고착되는 것으로부터 벗어나는 과정이라고 할 수 있다. 영적 여정은 하느님이 정상적인 신체와 정서에서 시작하여 모든 수준에서 우리를 치유해 주시는 신성한 정신 치료의 한 형태이다.

  정서의 강도를 보면, 각각의 수준에 따라 우리의 기억 저장소에 미리 녹음된 끝없는 비판이 그와 상응하게 저장되어 있다. 강한 정서가 일어나면, 그 사람은 즉시 솟구치는 비판에 사로잡힌다. 그 비판들은 그 사람으로 하여금 평화와 고요와 초연함에서 더욱 멀어지게 하고 관상을 요구한다. 인식의 표면을 지나는 생각이 무의식에 있는 정서 프로그램을 자극하기에 하느님의 현존과 활동에 대한 우리의 동의가 점점 흐려질 때, 초점을 맞추는 도구가 필요하게 된다. 향심 기도에서는 이러한 상태를 강 표면을 지나는 배로 비유한다(52쪽 [그림 3] 참조).

## [그림 3] 강(인간의 의식을 비유한다)

의식의 흐름은 바다로 흘러가는 강과 닮았다. 강 표면은 우리가 일상생활에 사용하는 의식 수준을 말한다. 감각적 지각, 감정, 영상, 기억, 성찰, 비평이 강 위를 떠내려가는 배처럼 우리 인식의 표면을 흘러간다. 이것이 의식의 평상적 수준이다.

강 자체는 의식의 영적인 수준을 말한다. 향심 기도 같은 수련을 거듭하면서 마음은 외부의 사건이나 그 사건에 대한 정서적 반응 등으로부터 점차 영향을 받지 않게 된다. 직관과 하느님께 향한 의지 등을 계발함으로써 우리는 영적인 주의성이 일깨워지는 경험을 한다.

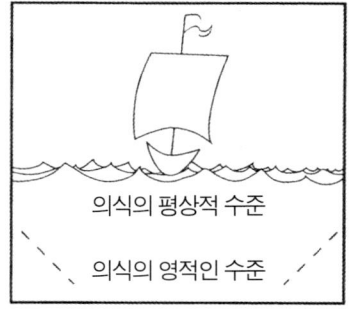

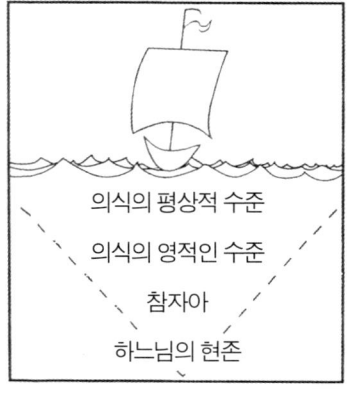

강의 깊은 곳을 참자아와 하느님의 현존으로 비유한다. 그 원천에서 매 순간 우리의 생명이 솟아난다.

조절이 필요한 것은 우리의 주의가 아니다. 주의는 향심 기도에서 2차적인 것이기 때문이다. 우리는 특정한 생각이나 사물, 혹은 만트라 기도에서처럼 거룩한 단어에 주의하지 않는다. 우리의 주의는 하느님의 현존에 대한 일반적인 사랑의 인식이다. 향심 기도가 실제로 하는 일은 하느님의 현존에 동의하는 것이고, 그렇게 함으로써 그 순간의 심리적인 내용과 함께 현재의 순간이 지나가게 내버려두는 것이다. 만일 어떤 생각이나 감정이 비평과 함께 무의식적인 프로그램을 휘저어 일으키면, 우리는 그 '배에 오르기' 전에 거룩한 단어로 돌아간다. 시간과 인내와 많은 실수를 통해 우리는 생각을 즉시 떠나보내는 습관을 기르게 된다. 이는 생각하고 있다는 사실을 생각해서가 아니라, 단지 거룩한 단어로 아주 부드럽게 돌아감으로써 이루어진다. 만일 당신이 배에 오른 것을 알게 되거든 그저 단순히 내리면 된다. 거기에 당신이 생각을 가졌다는 자책감이나 한숨이나 괴로운 마음이 있어서는 안 된다. 이와 같은 어떠한 사색도 또 다른 생각, 즉 '배'이다.

이 기도는 그 자체로 어린이와 같은 큰 단순함을 요한다. 아이들은 현재의 순간에 몰두하면서 이전에 무슨 일이 일어났는지 금세 잊어버린다. 아이들의 기분이 아주 쉽게 변하는 이유가 바로 여기에 있다. 그들은 금방 웃었다가도 어느 순간 울어 버린다. 향심 기도가 요구하는 것은 바로 이러한 단순함이다. 거룩한 단어로 돌아가기로 동의하는 것이 이 기도가 요구하는 활동의 전부다. 어떠한 분석이나 비평, 죄책감, 비난 등은 원래의 생각을 더욱 산만하게 만들 뿐이다. 원래의 생각은 단순히 미래에 대한 계획이거나 하나의 기억일지도 모른다. 그것은 부끄러움이나 죄책감 같은 감정적으로 차오르는 생각들이나 어떠한 느낌처럼, 내적 침묵에서 쉽게 당신을 끄집어내지 못한다.

이 기도에서 우리의 생각을 기쁘게 받아들이는 습관을 발전시킬 필요가 있다. 우리는 떠오르는 생각을 모두 피할 수는 없다. 만일 그렇게 할 수 있다면, 우리는 이미 관상에서 완전하게 되었을 것이다. 그리고 이 책을 읽고 있지도 않을 것이다. 그러나 대부분 이러한 과정은 상당한 시간이 걸리며 일생 중에 끝내지 못할 수도 있다.

관상 기도는 일종의 연옥이다. 가톨릭 신학에서 연옥은, 우리가 이 세상에서 하느님과의 일치로 가는 여정을 완성하지 못했을 경우 다음 세계에서 완성하는 어떤 상태다. 진보는 아무리 작은 것이라도 인류에 엄청난 이익을 가져다준다. 그러므로 이러한 여정에 오른다는 것은 우리가 인류에게 할 수 있는 가장 큰 공헌이다. 이 여정은 기도 중에 나타나는 일에만 국한되지 않는다. 오히려 그것이 일상생활을 정화하는 과정의 연장선이 되도록 만드는 데 그 목적이 있다. 평범한 일상생활에서 벌어지는 사소한 일들이 바로 그리스도인의 여정이 이루어지는 장소가 된다. 하느님은 삶과 죽음, 즉 있는 그대로의 우리와 함께하신다. 완전이란 우리가 온전하다고 느끼거나 완전해지는 데 있지 않고, 우리가 해야 할 일을 잘 알지 못하면서도 행하는 데 있다. 이는 어떠한 대가도 바라지 않으면서 사랑하는 것과 같다. 그저 행할 뿐이다.

이를 정리하면, 우리의 지향이 온전히 분명해지도록 초점을 맞추는 도구처럼 거룩한 단어를 사용하는 것이다. 인간의 본성은 나약하며 행복을 위한 정서 프로그램이 아직도 무의식에서 활동하고 있다는 사실 때문에, 우리는 어느 때고 원래의 지향—즉, 우리 안에 하느님이 현존하시고 활동하시는 것에 동의한다는 지향—으로 되돌아오게 하는 방법이 필요하다. 정기적으로 수련하면, 우리는 즉시 떠나보내는 것이 쉬워진다. 그러면 우리는 무지의 구름으로 들어가는데, 무지의 구름은 작은 동의의 행동을 계속 반복함으로써 발전한다. 그것은 우리가 이미 충분하게 정서 프로그램을 무너뜨렸다는 뜻이 된다. 참으로 거룩한 단어나 상징으로 돌아갈 필요 없이, 그것들이 다시 침입하는 것에 민감해져서 우리의 원래 지향에 즉시 돌아올 수 있을 만큼.

하느님의 현존과 활동에 우리를 열어 드린다는 지향의 상징으로 거룩한 단어를 사용하면서 형성된 움직임의 도움을 받아, 우리는 자기 존재의 영적인 수준에 조금씩 다가가게 된다. 이것을 다르게 비유하면, 의식이라는 강의 표면을 따라 지나가기보다 강 자체에 일반적인 주의를 기울이는 것이다. 거룩한 단어는 단지 우리의 지향성을 상징할 뿐이다. 그러므로 특별히 선택해야 하는 단어도 없고 더 좋고 나쁜 것도 없다. 그러나 어떤 단어는 아이디어의 연상 聯想을 불러오고 다른 일을 생각하게 만드는 경향이 있다. 이러한 단어는 피해야 한다. 이 기도에서 우리는 사랑에 집중하여 하느님을 기다리는 능력을 발전시킨다. 사랑으로 한다는 것의 특성은 인내심을 가지고 수련에 충실한 것으로 나타난다.

## 3장
## 하느님께 향하기

앞 장에서 보았듯이 의식을 강에 비유하고, 생각을 강 표면을 지나가는 배로 보았다. 강 표면은 평상시의 심리적 인식 수준을 나타낸다. 그렇지만 강에는 깊이도 있듯이 인식에도 깊이가 있다. 인식의 일상적인 심리적 수준 밑에는 영적인 수준이 있다. 거기에서 우리의 지성과 의지가 영적인 방식으로 적절하게 기능하고 있다. 더 깊은 수준 혹은 중심에는 하느님이 내재하시고, 거기에 현존하는 신성한 에너지가 매 순간 우리의 존재와 영감의 원천이 되고 있다(58쪽 [그림 4] 참조). 우리 존재의 가장 중심에, 혹은 가장 깊은 내면에 우리의 인간적인 노력과 하느님의 은총이 만난다. 신비가들은 그것을 '존재의 바탕ground of being' 혹은 '영의 정상peak of spirit' 이라고 부른다.

많은 묵상 방법들이 '거룩한 단어'를 사용하지만 그 단어를 사용하는 방법은 각기 다르며, 인식의 다른 수준에 표적을 두고 있다.

[그림 4] 인식의 수준

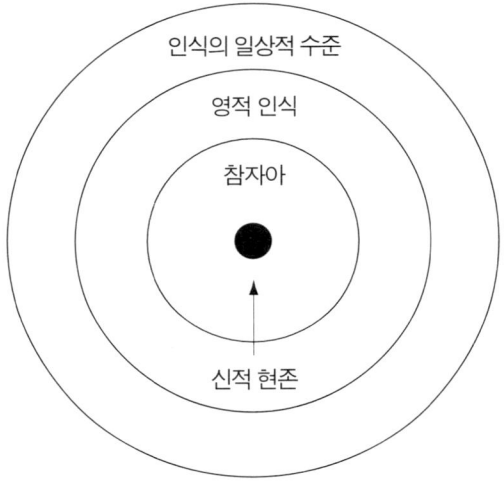

 거룩한 단어는 우리의 가장 깊은 존재 안에서 하느님이 현존하심을 영적인 의지가 동의한다는 표식이다. 그 단어는 상상 속에 나타나지만, 일상적인 의식 흐름의 수준에 직접적이고 안정시키는 역할을 하지는 않는다. 그것은 오히려 우리의 지향만을 나타낸다. 이 지향은 우리의 의지가 하느님의 현존에 나를 열어 드리고 따름을 선택하는 것이다. 이것이 향심 기도와 다른 수련 방법—촛불을 바라보거나, 만트라를 반복하거나, 어떤 영상을 상상하는 것처럼 어떤 형태의 주의注意를 사용하는 방법—의 차이다. 그러므로 거룩한 단어를 계속 반복할 필요가 없다. 하느님을 향한 믿음과 사랑의 지향을 유지하기 위해서만 사용한다. 강 위에 배가 지나가듯 생각이 욕망을 자극하거나 감정을 건드리지 않고 그냥 지나가기만 한다면, 구태여 거룩한 단어로 돌아갈 필요가 없다. 이러한 경우에는 우리가 하느님께 갖는 지향의 방향이 방해받지 않는다.

 우리의 지향을 상징하는 거룩한 단어를 사용하여 하느님의 현존과 활동에 동의할 때, 의지의 움직임은 상상 속에서 아주 섬세하게 드러난다. 그 단어를 조심해서 완전하게 발음할 필요도 없다. 단어에 대해 사색하거나 분석하지도 않는다. 이것은 단지 표식이거나 상징일 뿐이다. 우리는 외적인 감각에서 시작하여(거룩한 바라봄이나 호흡을 이용할 수도 있다) 영적인 수준과 감각으로 옮겨 가는데, 영적인 감각은 외적인 감각에 비유할 수 있다. 거룩한 단어는 가슴에서 우러나와 단지 순간적으로 상상 속에서 울리는 반면, 만트라나 주의 집중 과정은 생각의 흐름이 느려지게 한다.

 거룩한 단어의 일차적인 기능은 생각을 밀어내거나 줄어들게 하지 않는다. 오히려 우리가 하느님을 사랑하며, 그분의 현존에 머물고, 기도 시간 동안 성령의 활동에 우리를 맡긴다는 지향을 표현하기 위한 것이다. 어느 보트가 그냥 지나가지 않고 우리를 끌어당기거나 밀쳐 내려고 할 때만 거룩한 단어로 돌아간다. 그 이유는 간단하다. 우리가 특별한 생각에 끌려 들어갈 때, 하느님의 현존에 머문다는 우리의 일반적인 사랑의 지향은 점차 순수성을 잃어 가기 때문이다.

거룩한 단어는 이미 보았듯이 카메라에서 초점을 맞추는 기구와 같다. 이는 영상에 맞추는 것이 아니라 지향에 맞추는 것이다. 기도를 시작할 때는 하느님을 향한 사랑에 초점을 둔다. 그러나 그것뿐이다. 때문에 어떤 이들은 수련을 처음 시작할 때 다소 불편하게 느끼기도 한다. 우리는 어떤 생각이라도 예외 없이 지나가게 내버려둔다. 즐거운 것이든 고통스러운 것이든, 영적인 위안을 주는 것이든 생각과 감정이 폭우처럼 쏟아지는 것이든 상관없다. 때로 무의식에서 비롯되는 생각의 폭풍에 휘말려 거룩한 단어로 돌아가기 어렵거나 불가능한 경우가 있다. 그럴 때 가만히 앉아 그것을 감수하면, 그 아픔 자체가 거룩한 단어의 역할을 하게 된다. 이것도 우리 안에 계신 하느님의 현존과 활동하심에 대한 깊은 동의이다. 이에 관해서는 4장에서 더 다루겠다.

관상에 이르는 모든 방법은 어느 정도 생각하는 과정을 지나쳐 버리는 것을 목표로 한다. 우리가 생각하는 과정이 중독적인 과정—강박적인 생각에 기름을 붓거나 고통에 가면을 씌우기 위해 외부 세계에서 무엇을 얻으려 하는 걷잡을 수 없는 마음—을 강화하는 경향이 있기 때문이다. 만일 우리가 아무 생각 없이 20~30분간 정기적으로 휴식한다면, 자아와 자신의 생각이 같지 않다는 사실을 보게 될 것이다. 우리는 생각한다. 그러나 우리 자신이 그 생각은 아니다. 대부분의 사람들은 자신의 생각이 바로 자기 자신이라고 여긴다. 그래서 만일 자신의 생각이 스스로를 흥분하게 하거나 기죽이게 하거나 불길한 것일 때는 그것에 얽매여 고통을 받는다. 그런데 하나의 훈련으로서 매일 잠시 동안 생각하기를 중단해 보면, 사람들은 자신의 생각에 지배받지 않아도 된다는 사실을 알게 될 것이다.

향심 기도의 설명에서 '생각'이라는 말은 단지 관념이나 영상을 말하는 것이 아니다. 그것은 감정들, 즉 안팎에서 오는 감각적 인상들과 영적인 감각까지 의미한다. 어떠한 지각知覺 내용도 모두 '생각'이라는 포괄적인 개념에 들어간다.

관상을 준비하는 여러 가지 방법은 각기 다른 방식으로 인간의 정신에게 말한다. 만일 우리가 이 모든 준비 방법들을 하나의 스펙트럼 위에 놓는다면, 수용적受容的인 방법에서 주의집중적인 방법까지 다양해질 것이다. 주의집중적인 방법은 우리가 많은 일 혹은 모든 일을 하는 것이다. 다시 말하면 만트라를 계속 반복하는 것, 호흡에 초점을 맞추는 것, 촛불이나 그와 유사한 물체를 바라보는 것, 어떤 자세를 계속 유지하는 것, 참선 중에 관(觀, 풀리지 않는 수수께끼 같은 주제를 사색함)하는 것 등이다. 향심 기도와 같이 수용적인 방법에서는 주의에 초점을 맞추려고 노력하지 않는다. 우리의 노력은 지극히 최소한에 머문다.

어떤 방법은 더 수용적이고 어떤 방법은 더 주의집중적이다(45쪽 [그림 2] 참조). 선禪에도 향심 기도와 비슷한 특별한 수련이 있다. 이 수련에서는 정해진 자세로 그냥 앉아 생각에 주의를 기울이지 않는다. 어떤 자세를 유지하려면 처음에는 다소 노력이 필요하다. "긴장을 풀고 정신은 예민하게"라는 조건 외에 특별한 자세를 요구하지 않는 향심 기도가 아마도 가장 수용적인 방법이 아닌가 생각한다.

향심 기도가 다른 기도와 구별되는 것은 지향성(志向性, intentionality)이다. 향심 기도를 하지 않는 사람들에게는 주의성과 지향성의 차이를 구별하기가 쉽지 않다. 그러한 사람들은 향심 기도가 다른 기도와 외적으로 비슷해 보여 같은 것이라고 생각한다.

향심 기도에서는 지나가는 생각조차도 관여하지 않는다. 참으로 영적인 인식을 계발하려면 일상적인 심리적 인식 차원에서 끌어내야 하는 것이다.

우리는 모두 하나의 세포에서 인생을 시작한다. 말하자면, 개인적인 빅뱅(Big Bang, 우주를 탄생시킨 대폭발을 가리키는 말—옮긴이 주)이다. 그러나 그 하나의 세포 속에는 모든 삶을 지탱해 줄 충분한 에너지가 있다. 이제 우리의 가장 깊은 존재inmost being, 혹은 존재의 신적인 바탕divine ground of our being을 살펴보자(58쪽 [그림 4] 참조). 그 중심에서 참자아true self가 전개되고 에너지가 적절하게 표출된다. 우리가 인간 조건이라고 부르는 데는 이유가 있는데, 이는 참자아와 접촉하지 않고 있기 때문이다. 유아기 때, 태어날 때, 심지어 최근의 어떤 치료법이 제시하듯 출생 이전에 겪었던 고통에 대한 반응으로 우리는 아주 어릴 때부터 거짓 자아를 만들어 낸다. 거짓 자아는 참자아를 억누르고 참자아의 잠재력을 감춰 버린다. 거짓 자아는 우리의 아픔과 자신을 보호하려는 기제의 영향을 받아 환경과 상호작용을 한다. 그 결과 대부분의 경우 외부 사건이나 그에 대한 정서적 반응의 지배를 받는 경험을 한다. 거짓 자아는 내적인 자유로 행동하기보다 외부 사건의 지배를 받을 때 작용한다.

우리의 일상적인 심리적 인식은 마음을 사로잡는 영화를 보는 것과 같다. 외부 사건이나 그 사건에 대한 정서적 반응의 지배를 받는 것은, 마치 영화가 너무 좋아서 자신을 그 영화의 줄거리나 등장인물과 동일시하여 자신이 지금 극장에 앉아 있다는 사실을 잊어버리는 것과 같다. 이와 같이 우리는 대부분의 시간 동안 자기 자신의 영적인 수준과 접촉하지 못하면서, 외부 사건에 대해 자율적으로 선택하기보다는 그 사건의 지배를 받도록 스스로를 허용한다. 우리가 향심 기도를 통해 이러한 과정을 다루고 무의식에서 나오는 역동을 받아들이면서 영적인 기능과 참자아가 해방

된다. 이러한 경험을 통해 자신이 부여한 정서에 얽매이지 않고 거짓 자아가 요구하는 행복의 상징을 상대적인 관점에서 바라볼 수 있다. 그 이유는 우리가 내적 평화를 경험하기 시작하고 이러한 행복이야말로 참으로 찾고 있는 것이기 때문이다. 향심 기도 수련 중에 우리는 이전에 겪었던 것과 똑같은 정서적 반응에 직면하게 되지만, 이번엔 그에 맹목적으로 반응하는 것이 아니라 직시하게 된다. 우리가 진정으로 행복해지고 싶다면 거짓 자아의 경향을 인정하는 법을 배우는 것이 매우 중요하다. 그것을 직시할 줄 알아야 바꿀 수 있기 때문이다. 우리가 그것을 분석할 필요는 없다. 다만 그것을 직시하면서 그대로 떠나가게 내버려 두면 되는 것이다.

내적 자유가 발달하면, 우리는 마치 재미없는 영화를 보면서 언제든지 일어나 극장을 나갈 수 있는 사람처럼 된다. 그러면서도 자유롭게 그대로 앉아 계속 관람할 수도 있다. 이것은 영적 수련을 한 사람과 하지 않은 사람의 차이라고 해도 무방하다. 이러한 과정을 시작하기 전에는 다른 사람들, 환경, 어릴 때 형성된 스스로 통제할 수 없는 내적 움직임이 계속 자신을 지배하도록 허용한다. 그러나 기도 수련을 시작하면서 우리는 깨닫게 된다. 이러한 내적 움직임에 대해 자율적인 힘을 가짐으로써 그것을 넘어설 수 있다는 것을, 참자아를 찾아야 한다는 것을, 하느님이 우리에게 주신 모든 창조적 잠재력을 발휘해야 한다는 것을. 이러한 깨우침이 내면에서 자라면서 우리는 자신의 중심에서 행동하기 시작한다. 향심 기도의 가장 큰 효과는 자신의 중심에서 삶을 사는 것이다. 그렇다고 우리가 외부 세상과 상호 관련을 맺지 않는다는 말은 아니다. 오히려 반대로, 우리는 이전보다 더욱 밀접한 상호 관계를 맺게 된다. 다른 사람들이나 환경에 대해 자신을 방어하지 않으면서 현실이 전개되는 대로 살아가기 때문이다. 그러므로 향심 기도는 하나의 기도 방법일 뿐만 아니라, 우리의 전 존재가 복음과 그 가치에 응답하도록 만들어 주는 과정을 시작하는 기도이다.

# 4장
## 신성한 치료

여러 세기 동안 그리스도교 전통에서 영적 성장에 관한 위대한 모델은 그리스도와의 우정이었다. 우정이란 굉장한 예인데, 우정은 확신과 사랑과 자기 노출(다른 사람에게 자신을 숨기지 않고 그대로 내보이는 것—옮긴이 주) 등을 뜻하기 때문이다. 이 모든 것은 친근함에서 우정으로 나아가며 헌신의 단계를 거쳐 더 깊은 관계로 발전하게 된다. 그러나 우정이라는 패러다임은 인간 조건의 특성인 정서적 아픔이라는 측면을 반드시 담고 있지는 않다. 물론 그리스도의 우정은 인간의 취약함과 결핍이라는 현실을 포함하고 있다. 사랑의 한 가지 특성은 방어(자기방어self-defense) 기제가 줄어든다는 것이다. 방어 기제가 줄어들 때 인격의 어두운 면이 고개를 쳐든다. 진정한 우정의 중요한 측면은 이 어두운 면을 처리하도록 서로 도와주려는 용의를 갖는다는 것이다.

여기에 현대에, 최소한 서구 사회에 적절한 다른 모형이 있다. 그것은 현대 심리학에서 많은 영향을 받았다. 나는 영적 성장에 대한 이 모형을 '신성한 치료'라고 부른다. 치료라는 말은 아주 우수한 치료자가 이끌어 내는 우정과 신뢰의 환경을 의미하는 동시에 우리가 여러 가지 정서적·정신적 문제를 지니고 치료자를 찾고 있음을 강조한다.

인간은 모두 질병을 앓고 있다. 로마 가톨릭 전통에 의하면 축복받은 처녀 마리아만이 정서적 손상 없이 이 세상에 나왔고 손상받지 않은 채 살았다. 사람들은 대부분 자신이 병들어 있다는 사실과 그 병이 얼마나 깊은지 알지 못한다. 또한 평상시의 인간 조건은 물론 특별히 자신의 아픔에 대한 적절한 진단도 갖고 있지 못한 형편이다. 그래서 건강을 회복하기 위해 필요한 도움을 구하지도 않는다.

알코올 중독자 모임에서 쓰는 열두 단계 프로그램의 강점은 자신의 병이 실제로 얼마나 심각한가를 강조하는 데 있다. 이 모임에 참석하는 사람들은 스스로 삶을 통제할 수 없을 만큼 자신의 질병이 심각하다는 것과 열두 단계 프로그램을 실천하지 않는 한, 결코 자신이 바라는 삶을 살지 못한다는 것을 알고 있다. 현실 속에서 대부분의 사람들은 앤 윌슨 셰프Ann Wilson Schaef가 '중독 과정'이라고 부른 심각한 병으로 고통 받고 있다. 최근의 통계 자료에 의하면, 특히 서구 사회에서 98%의 사람들이 이 병을 앓고 있다고 한다. 나 개인적으로는 나머지 2%에 속한 사람을 만나 본 적이 없다. 심리학 용어인 '중독 과정'은 그리스도교 전통에서 신학적으로 '원죄의 결과'라고 부르는 것과 상응하며, 이것을 더욱 자세히 설명하고 있다. 중독 과정은 성향이나 성격에 따라 많은 중독 현상 가운데 어떤 형태로 나타난다. 요즈음에는 여러 가지 열두 단계 프로그램으로 중독이 치료될 수 있다. 중독된 사람의 이점은 자신이 도움을 받지 않고는 결코 회복할 수 없음을 잘 안다는 사실이다. 그러나 불행하게도 평범한 신앙생활을 하는 그리스도인은, 자신이 그리스도인이라는 자부심 때문에 이를 알지 못한다. 그래서 중독 현상이 점차 악화되어 외적 기능이 어느 정도 손상된 후에야 비로소 그 사실을 인정하게 된다. 우리 모두에게 해당되는 실제적인 질문은 "우리가 얼마나 중독되어 있는가?"이다.

전통적인 신학에 따르면, 원죄의 결과는 세 가지다. 착각, 탐욕, 약한 의지가 그것이다. 착각이란 인간이 본성에 맞게 무한한 행복을 갖도록 짜여 있음에도 어디서 그 행복을 찾을 수 있는지 모르는 것을 의미한다. 탐욕이란 우리가 잘못된 곳에서 행복을 찾는 것, 혹은 옳은 곳에서 찾더라도 너무 많은 행복을 구하는 것을 의미한다. 마지막으로 약한 의지란, 우리가 행복을 찾을 수 있는 곳에 도달했어도 의지가 너무 약해 행복을 추구하지 못하는 것을 의미한다.

그러면 이러한 가르침과 단주 모임에서 가르치는 열두 단계 중

첫 단계인 "내 인생은 다루지 못할 지경에 이르렀다."라고 선언하는 것 사이에 어떠한 차이가 있는가? 만일 우리가 원죄의 결과라는 전통적인 교리를 그대로 받아들인다면, 자신의 삶을 다루는 자유가 심한 제한을 받을 수 있다. 이는 하느님의 은총에서 멀어졌다는 완전한 무기력감에 바탕을 두고 있기 때문이다. 구원이라는 전 개념은 원래 하느님의 은총에 기반하고 있다.

우리가 "내 인생은 다룰 수 없는 지경에 이르렀다."라는 최종적인 진단을 알고 나면, 우리의 병이 심각함을 인정할 수밖에 없을 만큼 자신이 완전히 무너지는 때를 기다릴 필요가 없다. 중독 과정이 완전히 드러나기 전에 그 과정을 진전시키는 뿌리를 치유하도록 만들어진 예방적 치료를 즉시 시작할 수 있다. 복음은 인간 조건을 있는 그대로 말해 준다. 복음에서 치유 과정을 시작하는 근본적인 부르심인 '회개하라'는 말은 "네가 행복을 찾고 있는 방향을 바꾸라"는 뜻이다. 우리가 아주 어린 시절부터 길러 온 여러 가지 행복 추구 방법은 더 이상 효과가 없다. 오히려 그것은 서서히 우리를 죽게 한다. 만일 거룩한 의사께서 사랑으로 말씀하신 회개하라는 부르심에 응답하면, 우리는 신성한 치료의 혜택을 즉시 누릴 수 있다.

치료는 앞에서 보았듯이, 우정의 관계와 치유의 관계라는 두 가지 의미를 가진다. 현대 정신치료학의 관점에서 성경을 읽으면 질병의 자세한 진단을 얻을 수 있다. 성령의 일곱 가지 선물(지혜, 통찰, 의견, 용기, 지식, 공경, 경외)의 직접적인 영향을 받는 삶인 관상 기도와 관상 활동은 인간의 건강, 온전함, 변화를 위해 복음이 제시한 프로그램이다.

예수님의 많은 비유나 어록은 근본적으로 우리의 무의식 수준에 있는 행복을 위한 정서 프로그램을 가리켜 하신 말씀이다. 그러나 우리의 정서 프로그램은 도저히 충족시키지 못할 욕구를 더욱 키우면서 결국 우리 자신을 부서뜨린다. 지배, 존중, 안전에 대한 본능적 욕구에 부여한 정서의 지배를 받는 사람은 모든 새로운 경험을 이 에너지 중심에 넣고 그러한 관점으로 경험을 해석한다. 만일 만족을 주는 것이면 일시적인 기쁨이 있을 것이며, 욕구를 좌절시키는 것이면 괴로움에 빠지게 할 것이다.

그러면 우리는 어떻게 이러한 정서 프로그램에 붙잡히게 되는가? 이에 대해서는 지금도 연구 중이다. 세계 종교들은 심각한 결함이라고 보편적으로 체험하는 인간 조건을 규명하려고 여러 가지 창조 이론을 제시해 왔다. 지금은 심리학과 과학이 이에 대해 공헌하고 있다. 피아제Piaget와 근대의 존 브래드쇼John Bradshaw 같은 발달 심리학자들은 그 원인이 아주 어린 시절에 겪은 부모의 양육 실패와 정서적 상처 때문이라고 했다. 초월 심리학자인 마이클 워시번Michael Washburn은 「자아와 역동적 근거The Ego and the

Dynamic Ground」(SUNY press, 1988)라는 저서에서, 우리가 분리된 자아 정체성을 발달시키는 첫 단계로서 인간 존재의 원천(그는 이것을 "역동적 근거"라고 불렀다)과 자신이 하나라는 감각을 억제했기 때문이라는 가설을 세웠다. 이 억제로 말미암아 우리는 도무지 찾을 수 없는 행복을 절망적으로 찾기 시작했다는 것이다. 원인이 무엇이든 진정한 행복의 원천이 우리의 성장 체험에서 빠져 버린 셈이다. 하느님이 현존하신다는 인식은 진정한 안전과 인정과 독립을 가져다준다. 하지만 이렇게 안심시켜 주는 현존과 함께 스며드는 행복이라는 감각이 모든 사람의 의식 발달에서 빠진 것이다.

안심이 될 만한 하느님에 대한 체험이 없으면, 세상은 짐짓 적의에 찬 것처럼 보인다. 행복에 대한 욕구는 지극히 근본적이고 강해서, 아주 어릴 때 썼던 여러 가지 대리적 보상 방법에 매달리게 된다. 발전 과정이 진행되면서 하느님의 현존에 대한 감각이 결여된 것에 대해 보상하려고 하지만, 우리의 행복 프로그램은 결코 이것을 찾아내지 못한다. 정서적 고통을 억압하고 보상하려는 우리 노력의 결과로 거짓 자아가 형성된다. 복음은 거짓 자아가 치유될 수 있는 병임을 인정하고, 그리스도를 신성한 의사(이 모형에서 볼 때는 신성한 치료자)로 받아들이라고 권고한다. 치유 과정은 기본적으로 관상 기도를 거친다. 이와 함께 일상생활에서 할 일을 하는 것이 신성한 치료의 또 다른 방법이 된다.

내가 신성한 치료라고 부르는 것이 진정으로 인간 조건의 아픔에 대응하는 것인지, 그리고 그 진단이 신학적이고 심리학적인지를 알아보기 위해 이것을 한번 살펴보자. 향심 기도 기간을 하나의 시발점으로 하여, 수년간의 정규적 수련이 이 하나의 기도 기간에 들어가는 것으로 간주하겠다. 향심 기도는 그것이 습관화되면서 점차 성령의 관상적 선물, 즉 지식, 이해, 지혜의 지배를 더 많이 받게 된다. 앉아서 기도할 때 우리의 심리적인 체험은 77쪽의 [그림 5]와 같다(몇 년간의 수련으로 누적되어 온 노력을 한 기도 기간으로 줄여서 본다는 사실을 기억하라). 우리가 거룩한 단어를 불러들이면 네 가지 큰 순간들로 이루어진 원형 운동을 만든다. 첫 번째 순간은 하느님이 우리 안에 현존하시고 활동하시는 것에 동의한다는 상징으로 거룩한 단어를 도입하고, 사랑에 집중하여 하느님을 기다리는 태도를 부드럽게 만들어 갈 때이다. 처음에는 우리의 인식을 가득 채우는 끝없는 생각을 경험한다. 그러다 여러 해 동안 수련하면 이것은 비교적 빨리 지나가고 고요와 쇄신된 기분과 안식의 깊은 감각으로 들어간다. 이것이 향심 기도에서의 두 번째 순간이다. '휴식'이란 무엇보다도 하느님의 현존에 대한 감각을 비롯해 평화, 내적 침묵, 만족, 편안한 감각, 행복 등 광범위한 심리적 인상들을 의미한다.

   이러한 휴식이 아주 깊어지면, 기도 중 어느 지점에서는 지나가는 생각이 거의 없거나 전혀 없게 된다. 혹은 하느님의 현존에 대한 강한 감각을 갖게 된다. 아마 1~2년 정도 수련을 쌓은 뒤에는 누적된 깊은 휴식으로 몸을 자동으로 쉬게 하고, 나아가 잠자는 것보다 더 큰 휴식을 갖게 할 것이다.

이러한 깊은 휴식의 느낌은 특히 하느님의 현존에 대한 깊은 감각을 동반할 때 하느님과의 심리적 전이로 이끌어 준다. 말하자면 정신분석학적인 의미에서 하느님이 치료자가 되시는 것이다. 그리고 우리는 어릴 때 부모와 같은 중요한 이들에게 받아 보지 못했다고 느끼는 신뢰와 사랑을 이 전이 속에서 치료자에게 기대한다. 무의식 속에 정서가 저장되어 왔고, 우리는 누군가에게 거부당할 때마다 느끼는 심리적 고통을 치료자에게 투사한다. 그러면 치료자는 어린 시절에 적절히 경험하지 못했던 받아들임을 우리에게 보여준다. 그리하여 아무리 많은 신학적 성찰을 거쳐도 되지 않던 상처가 치유되기 시작한다. 정서는 이성의 법칙에 순종하지 않는다. 정서는 어디서 결핍되었는지, 얼마나 결핍되었는지에 따라 재확인할 필요가 있다. 어린 시절에 원했지만 결핍되었다고 느끼는 애정과 안전함에 대한 정서적 고통의 잔재가 누구에게나 남아 있다.

깊은 휴식은 생각에 집착하거나 혐오감을 갖는 것에서 자유로워진 결과일 뿐만 아니라, 거룩한 신비(하느님)에 의해 받아들여지고 사랑받고 있다고 느끼는 데서 온 결과이다. 우리가 우리 자신 안에 머물고 있다고 느끼는 이 신비를 그리스도교 교리에서는 '거룩한 내재'(Divine Indwelling, 하느님께서 내 안에 계신다)라고 부른다. 다른 말로 하면, 하느님의 현존에 대한 우리의 인식이 다시 깨어난다는 뜻이다.

  하느님에 대한 신뢰가 깊어지면서 휴식도 자란다. 또한 자신의 가치에 대한 정서적 의혹―어릴 때 여러 가지 거부를 당하거나 형제들 사이에서 지나치게 경쟁하여 내면에 심어진―이 풀리게 된다. 휴식이 아주 깊어 몸도 전과 달리 깊이 휴식하게 된다. 몸은 어릴 때 겪은 정서적 아픔과 함께 그 아픔을 억압이나 보상적 활동 같은 방어 기제로 다루려고 노력한 결과를 저장하는 창고와 같다. 그 결과, 일생 동안 지녀 온 정서적 잡초 주위에 있는 단단한 방어 기제가 부드러워지고, 건강을 지키려는 육체의 놀라운 능력이 재생되며, 정신은 그 쓰레기들을 내버리기 시작한다. 육신이 신체적 배설의 통로가 되는 것과 비슷하게 기도 시간 동안 우리의 인식은 정서를 배설하는 통로가 된다. 정신은 이제 일생 동안 지녔던 소화되지 않은 정서적 내용을 토해 내는데, 그러다 '정신적 메스꺼움'이라 불리는 충격이 일어나기도 한다. 어릴 때 겪은 정신적 충격은 결코 온전히 소화되지도, 흡수되지도, 배설되지도 않는다. 유아나 아동은 자신의 아픔을 정확하게 표현할 수 없기 때문이다. 우리는 아직도 그것을 표현하지 못하는데, 만일 할 수 있다 해도 적당한 말이 떠오르지 않거나 용기가 생기지 않는다. 충격적이지만 표현하지 못하는 정서적 경험들은 무의식에 들어가고 그 에너지는 거기에 그대로 남아 있다. 정서는 에너지다. 그 에너지는 그것을 인정하거나 표현할 때 비로소 소멸된다.

나는 향심 기도의 원 운동 중에 이러한 세 번째 순간을 '무의식을 덜어 냄'이라고 부른다. '덜어 냄'이란 일종의 정신적인 메스꺼움의 경험을 말한다. 이것은 바로 이전에 지나간 사건들과 아무런 연관도 없는 생각이나 감정이 폭풍처럼 우리의 인식 안으로 마구 솟구쳐 올라오는 것이다. 그러한 고통스런 생각이나 감정의 원천이 무엇인지 잘 모른다는 사실이, 그것들이 무의식에서 올라오고 있음을 뜻하는 표시가 된다. 이러한 원시적인 정서적 내용을 배설하는 것이 원의 네 번째 순간이다. 이러한 정서적 아픔을 20~30년 동안(아니면 더 오래) 지녀 온 경우에는 배설 과정이 매우 고통스러울 것이다. 그러나 향심 기도 같은 수련을 매일 하면, 신성한 치료자에 대한 신뢰로 그것을 다룰 수 있다. 단지 그 폭풍을 견뎌 내면서 거룩한 단어로 돌아갈 수 있다면, 원 운동 과정을 다시 한 번 시작하면 된다.

이렇게 덜어 내는 과정이 어떤 사람에게는 향심 기도를 시작한 후에 바로 시작될 수도 있지만, 보통은 그처럼 극적으로 일어나지 않는다. 이러한 경우에 성령께서는 밖에서부터 일을 시작하여 안으로 들어가는 듯하다. 만일 외부에서 자극이 오면, 이 과정이 더욱 즉각적이고 강할지도 모른다. 이러한 경우는 비극이나 사고가 발생하거나, 정신 치료 같은 도움으로 이 내용이 느슨하게 풀어져 아마도 우리 인식의 표면에 가깝게 있었는지도 모른다. 이럴 때는 단 한 번의 향심 기도만으로도 충분한 휴식을 취할 수 있어서 방어 기제를 뚫고 완전히 인식 안으로 올라올 수도 있다. 예수님은 복음에서, 하느님의 왕국은 인간적인 관점에서 볼 때 받아들일 수 없는 환경에서 활동한다는 것을 강하게 지적하셨다.

예수님이 소외된 이들과 가깝게 지내셨듯이, 심리적인 덜어 냄을 하는 이 순간에 그분은 우리와 가까이 계시면서, 의식 속으로 올라오는 것들은 치유를 위한 것이며 그것을 마주 본다고 해서 우리가 죽지는 않는다는 사실을 재확인해 주려고 애쓰신다. 내 생각에 치료자는 고객의 복지를 위해 일하는데 그러려면 때로 고통스런 문제를 제기할 수도 있을 것이다. 때때로 치료자가 우리를 기다리다 지쳐서 "누구누구와 아주 절망적인 관계가 있는지 이야기하자."고 말한다. 이때 우리는 "다음 주까지 기다립시다." 하고 대답한다. 이와 비슷하게 신성한 치료자가 "이제 괴로움을 주는 감정을 살펴보고 그것이 어디에서 오는지 알아보자."라고 제안하시면 우리는 기가 죽어서 천당으로 가는 더 좋은 길이 어딘가 있을지도 모른다고 생각한다. 그리고 진짜 문제와 마주하기를 피하면

## [그림 5] 향심 기도의 네 순간

(여러 해 동안 해 온 수련의 역사를 나타내지만, 한 번의 기도 중에 나타나기도 한다.)

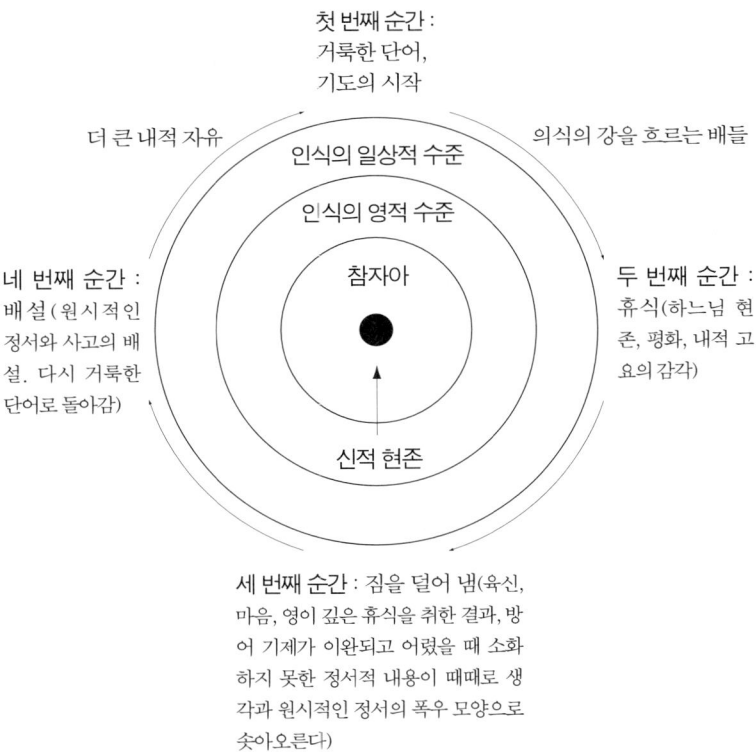

※ 네 순간을 포함하는 회전이 한 번씩 돌아갈 때마다 중심(신적 현존)에 한 단계 가깝게 일어난다. 그 이유는 억압된 정서적 폐기물 모양의 장애들이 그 과정에서 배설되기 때문이다. 그러므로 무의식의 정화는 신적인 일치가 이루어질 때까지 계속된다.

서 영적인 책과 수련, 일, 오락 같은 몰두할 무언가를 찾아서 정신없이 파묻힌다. 그러나 우리가 만일 향심 기도를 끈기 있게 하면 진짜 문제는 스스로 다시 들고 일어날 것이며, 결국 하느님께 자라난 신뢰로 말미암아 치유 과정을 참아 낼 수 있게 된다(진정으로 사랑하는 두 사람 사이에도 이와 비슷한 경우가 생겨난다).

　이렇게 원을 한 번 다 돌고 난 후에 우리는 어디쯤 와 있을까? 우리는 시작한 자리로 결코 돌아가지 않는다. 그 이유는 우리 육체의 어딘가에 갇혀 있던 내용을 덜어 냈기 때문이다. 우리는 하느님이 우리의 가장 깊은 중심이시며 그 주변이 우리의 참자아라는 것을 알아보게 된다(58쪽 [그림 4] 참조). 앞에서 보았듯이 정상적인 의식은 주변에서 일어나는 사건들이나 그에 대한 반응이 지배적인 인식의 주변에 자리 잡고 있다. 어떤 사람들은 영화를 보면서 등장인물과 자신을 너무나 동일시한 나머지 자신이 극장에 와 있다는 사실을 잊어버리기도 한다. 우리도 마찬가지다. 정상적인 심리 상태는 삶에서 일어나는 사건들과 그에 대한 우리의 반응의 지배를 받는다. 그런데 외적인 사건들과 다른 사람들이 나의 세계관에 영향을 미치며 우리의 선택을 결정짓게 한다는 사실을 우리는 깨닫지 못한다.

　향심 기도 수련은 이와 반대된다. 이것은 마치 우리가 좋지 않은 영화를 보러 가서, 자신을 배우와 동일시하지 않고, 자신이 극장에 와 있다는 것을 알기에 언제든지 일어나 나올 수 있는 것과 같다. 그렇지만 선입견이나 고정 관념에 머물러 있으면 쉽사리 일어나 걸어 나가지 못한다. 영적인 자아의 수준에서 우리는 삶에서 벌어지는 일들을 그저 목격할 뿐이며, 그 외적 사건에 붙잡히지 않는다는 사실을 아직 깨닫지 못하고 있는 것이다.

  77쪽의 [그림 5]에서 보듯이, 정서적 아픔이 어느 정도 배설되고 나면 우리 안에 그만큼 내적 공간이 생겨난다. 우리는 존재의 영적 수준에 더욱 가까이, 참자아에 더욱 가까이, 존재의 원천에 더욱 가까이 있게 된다. 이 존재의 원천은 우리의 가장 심오한 중심에서 전 생애 동안 쌓인 정서적 쓰레기 밑에 묻혀 있다. 하느님의 현존을 가리고 있던 것들을 덜어 내는 과정을 통해 배설했기에, 이제는 하느님에게 더 가까워졌다. 그러므로 우리가 향심 기도 속에서 이 원 운동을 다시 시작하면 자신의 중심에 더 가까이 가게 된다. 그 결과, 더욱 깊은 휴식을 하게 되며 필연적으로 다시 정서적인 폐기물을 덜어 내게 된다. 이러한 폐기물은 원시적인 정서나 정서로 채워진 생각의 형태를 띠면서 나타난다. 이러한 것들은 가까운 과거와 관계가 없다. 폭풍이 지나가면 우리는 거룩한 단어로 돌아간다. 그리고 이 과정을 새로이 시작할 때 우리는 우리의 중심에 그만큼 더 가까이 가게 된다. 휴식하는 것, 정서로 채워진 생각이나 원시적인 정서의 형태로 짐을 덜어 내는 것, 거룩한 단어로 되돌아가는 것 등의 원 운동은 계속해서 우리로 하여금 중심에 더 가까이 가게 해 준다. 그러므로 원 운동은 사실상 나선형 계단과 같은 역동적인 과정이 된다.

덜어 내는 과정은 처음에 육체의 어느 한 부분의 통증, 뒤틀림, 혹은 가려움 같은 신체적 증상으로 나타나기도 한다. 육체의 표면에 가까이 있던 정서적 매듭이 풀리고 있는지도 모른다. 그렇지만 잠시 그 아픈 곳에 주의를 주고 난 다음에는 불편함이 비교적 빨리 사라진다.

기도의 깊은 휴식으로 신체의 표면에 있는 매듭이 어느 정도 풀리고 나면 성령은 더욱 내적인 것들을 다루기 시작한다. 그러면 눈물이 흐르는 경험을 할 수도 있다. 대부분의 사람들은 문화적이나 개인적인 이유로 인생의 많은 슬픔을 억압해 왔다. 이제 육체는 그 전에 하지 못하도록 거부당했던 것들을 할 수 있는 자유를 처음으로 느낀다. 이와 비슷하게, 향심 기도를 시작한 처음에는 우리가 지쳐 있어서 몸은 잠을 청하게 된다. 물론 잠자는 것이 기도의 목적은 아니다. 그러나 몸이 이전에 금지당했던 것을 하도록 해 주면 기분이 더 좋아지게 된다. 우리가 충분히 휴식을 취한 다음에는 그렇게 자주 잠에 떨어지는 일이 없을 것이다. 정서 생활에서 이전처럼 우리를 지치게 만드는 실수를 거듭해서 저지르지 않는 한 말이다.

정서가 정상적인 상태로 되어 가면서 슬픔이 가장 먼저 풀리는 듯하다. 그래서 눈물을 펑펑 흘리게 될 수도 있다. 문화적인 이유 때문인지, 남자들은 그 상태에 도달하는 데 여자보다 좀 더딘 것 같다. 초대 사막 교부들은 이렇게 눈물을 흘리게 해 달라고 기도하곤 했다. 눈물에 대한 심리학적 지식은 없지만, 눈물이 가슴을 열어 주고 날카로운 감정을 부드럽게 해 주며 쓰라림을 씻어 주기 때문이다. 눈물은 값진 선물이다. 만일 이 과정을 알지 못하는 사람들은 눈물이 최근에 있었던 슬픈 경험에서 오는 것이 아니라는 사실에 놀랄 것이다. 77쪽 [그림 5]의 설명을 마저 해 보자. 만일 우리가 중단 없이 수련을 계속하면—그것을 느끼지 말고 그저 실행할 것을 나는 강조한다—나머지 일들은 저절로 이루어진다. 우리는 거룩한 단어로 계속 돌아가고, 휴식하고, 더 많은 폐기물을 배설하면서 내적 자유를 더욱 즐기게 된다. 우리가 오래 살기만 한다면 결국 중심으로 들어갈 것이다.

우리가 중심에 다다르면 무슨 일이 생기는가? 하느님의 현존을 가릴 만한 폐기물이 더 이상 남아 있지 않으므로 하느님과 일치를 이루고 있다고 생각한다. 우리의 믿음은 하느님이 우리를 기다리신다는 것을 믿는다. 이것이 바로 '거룩한 내재'이다. 우리가 수련을 중단하지 않고 계속하면, 하느님의 현존은 영원히 숨겨진 채로 머물러 있을 수 없다.

이 과정을 수직적으로 이해하고자 고고학자들이 좋아하는 중동 유적의 비유를 들어 보겠다([그림 6] 참조). 고대에는 한 도시 국가가 적국을 정복하면 군대는 그 도시를 태워 버리고 그 위에 새로운 도시를 세웠던 것 같다. 그 결과, 우리는 한 문명이 같은 곳에서 다른 문명 위에 세워진 것을 발견한다. 이 유적지는 그저 하나의 언덕처럼 보여 오랫동안 사람들이 무시해 왔다. 이제는 그것들이 고고학적 보물로 간주되고 있다.

고고학자들이 가장 먼저 할 일은 유적의 맨 윗부분을 깨끗이 치우고 잡초와 돌멩이를 걷어 낸 다음, 그 자리에 번성했던 마지막 문명을 발굴하는 것이다. 그들은 재와 쓰레기를 쓸어 버리고, 모자이크나 도자기 같은 것들은 영국의 박물관으로 보낸다. 그런 다음 잠시 휴식을 취하면서 발견한 것에 대한 만족감을 어느 정도 즐기고, 큰 대학의 대학원생들을 불러 모은다. 그리고 인도주의 단체의 기금에서 자금을 모은 다음, 다시 돌아와 그 이전 도시 국가의 유적을 파낸다. 이 과정은 여러 해가 걸린다. 한 단계 한 단계, 고고학자들이 파 내려가면서 한 문명과 다음 문명을 파헤치면 마침내 석기 시대까지 거슬러 올라간다. 이러한 연구 결과로 우리는 성경 구절의 문자적文字的 의미에 대해 더욱 포괄적인 관점을 갖게 되었다. 고고학자들은 거룩한 저서들과 함께 상업에 관한 것도 발견했기 때문에 학자들은 이들 초기 문명에 대해 많은 측면을 재구성할 수 있게 되었다.

[그림 6] 유적과 고고학적 발굴의 모형

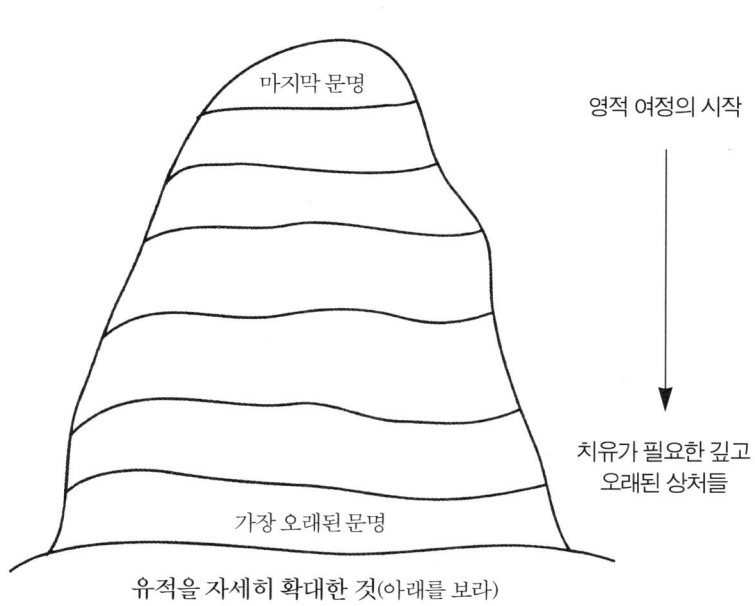

유적을 자세히 확대한 것(아래를 보라)

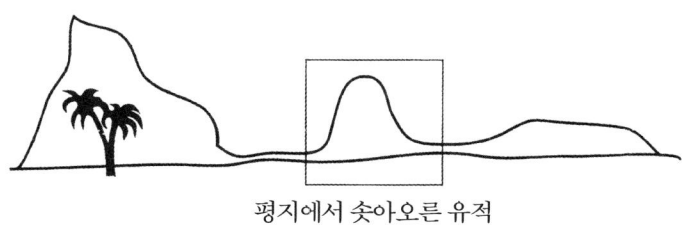

평지에서 솟아오른 유적

성령께서는 거룩한 고고학자처럼 이와 비슷하게 일하신다고 말하고 싶다. 그분은 우리의 생활 연령에 상관없이 우리의 현재 상태를 들추어내신다. 제일 먼저 하시는 일은 현재의 인간관계와 중독 행동에서 파괴적인 측면들을 치유하시는 일이다. 그 결과, 우리는 남에게 좋은 일을 하면서도 어느 정도 내적 자유를 누릴 수 있게 된다. 그리스도와의 개인적인 관계도 형성되고 성경에 대한 열성도 경험한다. 헌신 생활, 성사 생활, 전례 생활, 영적 독서, 봉사 활동이 활발해지기 시작한다. 이 기간은 때로 '영적 여정의 봄'이라 불린다. 나는 '다시 태어난 그리스도인born-again Christian'이라 불리는 사람들도 이와 비슷한 경험을 한다고 생각한다. 단, 여기서 여정이 끝났다고 생각한다면 오산이다. 사실 아직 시작도 하지 않았다. 이는 단지 첫 단계일 뿐이다. 그렇지만 이 단계가 너무 즐거워서 사람들은 여기서 떠나려고 하지 않는다.

어디쯤에선가, 성령은 영적인 봄을 충분히 길게 즐겼다고 결정을 내리기도 한다. 수도 생활에서는 이것을 '수련자의 열정'이라고 부른다. 성령은 이제 다음 층을 파 내려가기로 결정한다. 실제로 성령은 우리 인생 전체의 역사를 조사하려고 해서, 한 층 한 층 파 내려가면서 폐기물은 던져 버리고 인간의 각 발달 단계에서 적절히 값어치 있는 것들은 보존한다. 우리의 연대年代를 차례대로 따라가지 않고 성령은 우리 인생의 단계를 거꾸로 파 내려가는 것 같다. 말하자면 노년기(우리가 거기에 도달하였다면), 위기의 중년기, 청장년기, 사춘기 전·후, 청소년기, 아동기 전후, 유아기, 출생 시기, 심지어 출생 전까지 거슬러 올라간다. 이러한 순서는 일반적으로 우리 정신의 정서적 연대기와 상응하는데, 가장 깊고 어렸을 때의 상처가 가장 단단하게 억압되는 경향이 있다. 성령은 마침내 가장 어린 시절의 정서 생활에서 바닥을 파기 시작한다. 이때는 거부당한 감정, 불안전함, 애정 결핍, 실제적인 신체적 충격을 처음으로 경험한 때다. 그 당시에는 분노, 공포, 슬픔 같은 원시적인 정서만이 가능한 반응이었기 때문에 가장 원시적인 감정이 의식 속으로 들어온다. 그래서 하느님이 우리를 기다리시는 중심을 향해 나아갈 때, 우리가 잘못된 길로 가고 있다고 느끼는 것은 자연스러운 일이다. 이래서 영적 여정은 성공담도 아니고 출세 이야기도 아니라는 것을 우리에게 경고한다. 오히려 거짓 자아가 연속적으로 모멸당하는 것이다. 이것은 인생 초기에 겪은 정서적 아픔을 다루기 위한 방어 수단으로 고통을 감수하며 쌓아 온 가치관이나 세계관과 더불어 거짓 자아가 축소되는 경험을 하는 것이다.

  이는 역동적 경험이기에, 앞에서 본 평면적인 그림으로는 표현되지 않고 다른 그림이 도움이 된다(88쪽 [그림 7] 참조). 나선형 계단은 수평과 수직을 조합한 것이다. 이 계단의 맨 위(실제로는 가운데)

는 우리가 앞으로 기도의 삶을 살겠다고 투신했던, 처음 회두한 때를 나타낸다. 그때는 보통 특정한 유혹, 실패, 중독이나 강박적 행동을 다루어야 하는 시기다. 영적인 여정의 봄에는 영적인 열성이 피어나면서 생기는 새로운 가치관으로 이렇게 다루기 힘든 상황을 일시적으로 잠잠하게 한다. (거기에 떨어졌던 씨 때문에) 분뇨 더미 위에 피어난 꽃들이 그 분뇨 더미를 덮고 있는 것과 같을지도 모른다. 이때 우리는 분뇨 더미가 아니라 그 위에 있는 꽃을 경험한다. 이 봄의 상태에서 진정한 영적 여정의 작업으로 옮겨 가는 것은 우리가 시작하는 일이 아니다. 그 이유는 우리가 할 수만 있다면, 처음의 열정 속에 머물러 있으려 할 것이기 때문이다. 사랑의 치료자이신 성령은 우리를 삶의 다음 수준으로 초대하시고, 그 수준 또한 그 한계들로부터 구제될 수 있는지를 보려고 하신다.

이 시점에서 우리의 이성적인 기능과 정서에 주어졌던 처음의 은총이 거두어진다. 고전적인 영적 여정의 경험에서는 이것을 '감각의 어두운 밤'이라고 부른다. 우리의 이성과 정서의 수준을 통하여 작업하시던 은총을 하느님이 더 이상 주시지 않기에 여러 가지 헌신과 활동에 대한 열정도 사라진다. 하느님도 우리가 비탄에 잠기거나 놀라게 하시려고 사라지신 것처럼 보인다. 기도 시간에 현존하시던 분이 더 이상 나타나시지 않는 것 같아, 하느님이 내게 별로 관심이 없는 것처럼 느껴진다. 이전에 아주 만족스럽고 흥분하게 만들며, 위안을 주는 경험을 했을 경우에는 더욱 그렇다. 그리고 "하느님이 나를 버리셨다!"는 생각마저 든다. 이렇게 메마름이 극에 달하면, 거룩한 독서는 전화번호부를 읽는 것 같고 영적 훈련은 지겨워진다. 우리 삶의 빛이 꺼져 버렸기에 안절부절 못하고 용기를 잃게 된다. 하느님을 찾는 데 여러 해가 걸렸는데도 그분은 이제 가 버리신 것이다. 이때 우리가 무언가 잘못했다고 생각하려는 유혹이 계속 일어나지만 무엇이 잘못되었는지는 알 수 없다. 우리는 다른 사람들과의 관계가 이와 비슷하게 허물어져 갈 때 드는 느낌, 말하자면 절망 같은 감정을 하느님께 투사하는 경향이 있다. 이러한 판단은 하느님에게는 가장 불공평한 판단이다. 이 지점에서 많은 사람들이 포기하면서 "영적 여정은 나에게 맞지 않는다."고 결론 내리기도 한다.

 영적 여정의 다음 단계로 옮겨 가면서 모든 것이 끝났다는, 즉 이 세상은 끝났다는 절망적인 생각을 할 수도 있다. 그렇지만 나의 세상은 이 세상 자체가 아니다. 나의 세상은 다만 이 세상의 일부일 뿐이다. 하느님은 정말로 가 버리실 수 없다. 우리가 의도적으로 그 상황에서 떠나가 버린다면 하느님과의 관계는 당분간 틀어지겠지만, 하느님은 우리를 정말로 혼자 남겨두시지 않는다. 만일 하느님이 정말로 우리를 버리셨다면, 우리의 존재는 흔적만 남고 이미 사라져 버렸을 것이다. 하느님은 우리 존재의 생명 자체이시

## [그림 7] 나선형 충계

(수평적인 그림과 수직적인 그림을 역동적인 하나의 단위로 만든 것)

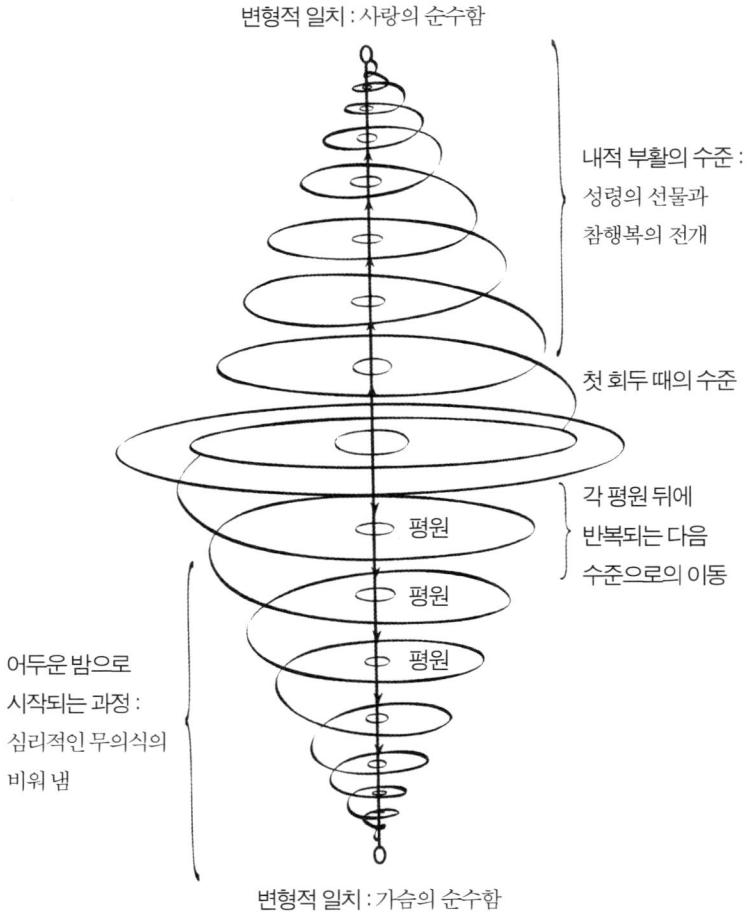

기 때문이다.

 창조는 계속되고 있다. 이 상황에서 하느님이 하신 일은 영적 나선형 계단에서 더욱 친밀한 곳으로 '내려가셔서', 거기서 더욱 성숙하고 신뢰하는 수준에서 그분과 함께하도록 우리를 기다리신다. 만일 감각의 밤에 조용히 침묵에 잠기면 지극히 섬세한 평화의 감각을 알아차리고, 순수한 믿음이라는 더욱 실속 있는 음식을 즐길 수도 있다고 십자가의 성 요한은 말했다. 우리가 만족스럽게 여겼던 이전의 수준을 떠나보내면 더 깊은 수준의 믿음으로 옮겨 가는데, 이것은 영적 여정에 신뢰와 힘을 더해 준다.

 교회의 교부들은 이러한 기초적인 경험을 이집트에서 약속된 땅으로 가는 여정에 비유했다. 성경에서 사막은 개인적인 삶의 역사를 여러 단계를 거쳐 정화하는 것을 상징한다. 정화란 결코 무엇을 거부하는 것이 아니라 단지 밀에서 겨를 골라내는 것과 같다. 이것은 판단의 일종으로서 성령은 우리의 각 발전 단계에서 해로운 것으로부터 좋은 것을 골라내고, 밀은 곳간에 모으고, 어린 시절의 각 발달 단계에서 형성되었던 한계들을 뒤에 남겨두신다. 그래서 아름답고 경이로웠던 유아기의 경험은 다시 살리고, 아동기의 무지와 난폭함은 뒤에 남겨두신다. 사춘기 때 겪었던 정서적 혼란과 이 시기의 특징인 절망적인 자아동일시 추구는 버리고 사춘기의 모험 정신은 살려 두신다.

아래 수준에서 우리를 기다리시는 하느님의 현존과 연결되면, 우리는 하느님에게 가졌던 제한된 관념에서 자유를 경험하고, 영적 여정은 다시 꽃을 피운다. 영적인 관점에서 볼 때 새로운 장이 열리는 평원에 도달한 것이다. 물론 우리는 여기서 또다시 집착하기도 한다. 그러면 잠시 휴식을 취한 다음, 성령께서 "자, 이제 다음 수준으로 가 보자." 하고 암시하시면 우리는 또다시 과도기 단계 혹은 어둔 밤에 빠진다.

20~30년간 영적 여정을 해 온 사람들에게 가장 당혹스러운 일은 우리가 한 수준에서 다음 수준으로 넘어갈 때, 여정을 시작하기 이전에 겪었던 것과 똑같은 유혹을 다시 만나면서, "나는 아무래도 진전되지 않아. 그저 그 모양이야." 하고 생각하게 된다는 것이다. 심지어 모든 것이 끝났는데 여정을 시작한 것이 잘못이었다고 생각하기도 한다. 이러한 비평은 이전에 녹음된 우리의 기억 저장소에서 나오며 허황된 것일 뿐이다.

이전과 똑같은 유혹이 다시 일어날 때 생기는 절망에 대해 어떻게 말해야 할까? 예를 들면, 어떤 사람들에 대해 이전에 가졌던 어려움에 대하여 이미 완전하게 해결했다고 생각했던 것들이 다시 나타나는 것과 같은 경우다. 그러나 실제로 이것은 예전과 같은 유혹이 아니다. 영적인 나선형 층계라는 구조 안에서 그것을 다시 만나면 수평적으로 볼 때는 똑같이 옛날 문제를 만나는 것처럼 보인다. 그러나 수직적으로 보면 우리가 더욱 성숙한 수준에서 그것을 다루고 있다. 그러므로 우리는 그 집착이나 혐오감을 이전보다 더 완전하게 떠나보낼 수 있게 된다. 만일 처음 여정을 시작할 때 성령께서 어려운 사람이나 상황을 모두 받아들이라고 요구하셨다면 아무도 그렇게 할 수 없었을 것이다. (인간적인 일들이 되어 가는 것처럼) 신뢰와 겸손의 성장을 통하여 점진적으로 우리를 이끌어 가심으로써, 우리는 더욱 깊은 수준에서 하느님께 자신을 내드릴 수 있게 되는 것이다. 이러한 방법으로 우리는 내적 자유의 새로운 수준, 더욱 깊은 가슴의 순수함, 성령과 함께 더욱 나아진 일치에 도달하게 된다.

만일 하느님이 사라지신 것처럼 보이지 않는다고 하면 얼마나 많은 사람들이 여정을 계속해 나갈 것인가? 하느님을 중심으로 향해 가는 이 여정에서 그분은 언제나 한 걸음 앞서 계신다. 우리가 그분을 찾아냈다고 생각하자마자, 그분은 우리 손아귀에서 살며시 빠져나가신다. 우리에게 일어날 수 있는 가장 나쁜 경우는 오아시스를 찾았다고 생각하고 종려나무 그늘에 자리를 잡고 앉아 버리는 것이다. 복음은 계속 성장하는 도전을 하라고 우리에게 요구한다. 신약 성경에서 볼 때 큰 죄란 성장을 거부하면서 현재 있는 곳에 머물려는 것이다. 영성 생활은 역동적인 생활이다. 성령은 계속해서 자아 포기와 믿음과 사랑의 새로운 수준으로 오라고 우리를 부르신다. 신성한 치료자는 우리의 일상생활에서 치료를 계속하신다. 하느님은 사람들과 사건들을 우리의 삶에 가져오시고 가져가시면서 우리 자신에 관해 알아야 할 또 다른 것들을 우리에게 보여 주신다. 관상 기도와 일상의 삶은 그것을 받아들이려는 용의가 있을 때 두 가지가 함께 일하면서 서로 치료 과정을 강화시킨다.

우리가 나선형 층계의 맨 밑바닥에 도달하여 하느님의 현존과 온전히 만나면 어떤 일이 벌어지는가? 그것은 매우 놀라운 일로서 우리가 기대했던 것과는 아주 다른 일이 벌어진다. 그곳에 도달하기 위해 값있게 여기던 것들이 전혀 다른 빛 속에서 나타날 것이며, 이전에 지녔던 많은 확신들이 산산이 깨지는 경험을 할 것이다.

이러한 과정에서 한 단계씩 내려갈 때마다(나선형 모델에서), 우리는 동시에 성령의 영향 아래(88쪽 [그림 7] 참조) 믿음, 희망, 사랑에서 자유와 성장의 새로운 수준에 도달함으로써 반대 방향으로(말하자면 위로) 움직여 간다. 한 수준씩 내려갈 때마다 한 수준 위로 올라가는 것이며 갇혀 있던 우리의 창조적인 에너지를 풀어 준다. 거짓 자아를 굴복시키면서 겸손에 이르게 하고 겸손은 확고한 신뢰로 이끌어 준다. 갈라티아 신자들에게 보낸 서간(5,22-23)에 열거된 성령의 열매가 나타나고, 나중에는 참행복(마태 5,3-10)도 나타난다.

변형적 일치는 삶의 모든 단계를 다시 정비하는 일을 포함하는 듯하다. 이것은 삶의 내용을 자세히 다루어서가 아니라, 각 단계에 지녔던 가치를 다시 살려 내어 하는 것이다. 영적 여정 초기에 어떤 것들을 거부했던 것은 잘못된 지식 때문이었음을 깨닫기도 한다. 하느님은 삶에서 좋았던 것과 우리가 불필요하게 거부했던 정당한 즐거움을 다시 생각해 보라고 초대하신다. 삶에서 좋았고 참된 가치를 지녔던 모든 것은 성령의 영향 아래 재정비된다. 그것은 마치 우리가 발달 단계를 다시 거치도록 이끌리는 것과 같다. 삶의 각 수준에서 적절했던 가치관은 다시 갖게 되고, 우리가 다룰 수 없었거나 인간 조건 때문에 짊어지고 있던 한계들은 떠나보내는 것이다.

  우리는 결국 거짓 자아와 모든 폐기물을 비워 내는 데까지 갈 것인가? 나는 그럴 수 있다고 생각한다. 그렇다고 우리가 기대했던 결과대로 된다는 뜻은 아니다. 그와 반대로 자기 이익을 고려하지 않고 사랑하게 하는 능력은, 고통을 받아들이는 능력도 커지게 한다. 예수님은 여정, 아니 여정의 과정 자체를 하느님의 왕국이라고 부르신 것이다. 이것은 매우 중요하다. 자신의 병과 함께 어떤 사람들이나 상황이 우리 삶에 끼쳤던 손상을 받아들이는 것은, 그리스도의 십자가와 우리 자신의 구원에 동참하는 것이다. 다시 말해 자신의 상처를 받아들이는 것은 여정의 시작일 뿐만 아니라 여정의 과정 자체이기도 하다. 때문에 우리가 여정을 끝냈는가 하는 것은 별로 문제가 되지 않는다. 일단 여정에 들어서면 우리는 이미 왕국에 있는 것이다. 예수님이 비유로 하신 말씀이 바로 이것이다. 우리의 단점을 사랑과 인내로 바라보고, 모든 병이 없어질 것이라고 기대하지 않으면서 받아들이는 것은 하찮은 사람들, 소외된 사람들, 평범한 삶 등이 바탕을 이루는 하느님 나라에서 가장 현명하게 처신하는 것이다. 하느님 나라는 우리 가운데 있다. 성령께서—우리의 개인적인 역사와 결단과 다른 모든 불확정적인 삶의 요인에 따라서—우리로 하여금 나선형 층계를 다룰 수 있게 해 주심에 따라 현실에 대한 우리의 태도도 향상되어 간다.

우리가 지금 나선형 층계의 어디에 와 있는지, 어느 단계의 어둔 밤에 있는지를 알아보려고 애쓰는 것보다 과정 자체에 우리를 맡기는 것이 더 좋다. 일반적으로 어둔 밤이 도움이 되는 지침이긴 하지만, 이는 사람에 따라 다른 형태를 취한다는 것을 알아야 한다. 세속에서 활동적인 삶을 사는 사람에게는 외적인 시련이 더 두드러지고, 고독 속에 사는 사람들에게는 내적인 시련이 더 두드러진다. 물론 이 두 가지가 어느 정도 함께 나타나기도 한다. 어떤 사람에게는 어둔 밤이 아주 분명하게 나타나고 다른 사람들에게는 그렇지 않기도 하다. 어떤 사람은 다른 사람들보다 그 밤에 더 오래 머무는 것 같고, 어떤 사람은 그 밤에 들락날락하거나 두 가지 상태에 함께 머물러 있는 것 같다.

  내 생각에 완덕이나 거룩함은 어떤 특수한 목적을 얻는 것보다, 나선형 층계의 영적 여정에 얼마나 투신하고 있는가로 가늠되어야 할 것이다. 그 길을 가는 사이에 약진도 하고 평원에 머물기도 하는데, 그 평원에서 전에는 보지 못했던 자신의 어두운 면을 보게 되지만 이전보다는 더욱 평온하고 받아들이는 마음 자세로 보게 된다. 이 기간 동안 하느님과 일치하는 경험을 하기도 한다. 그리고 이 일치의 경험이 우리의 모든 기능과 관계와 신체 속에 살아 있게 하는 데 몇 년이 걸리기도 한다. 그렇지만 여정은 계속된다. 우리는 더욱 깊은 겸손으로 오라는 부르심을 받으며, 이것은 다시 더 큰 신뢰와 모든 것을 뛰어넘는 하느님의 사랑이 자라나게 한다. 어떤 면에서는 바닥과 꼭대기가 서로 만나거나 한데 섞이는 것이다. 겸손과 하느님의 무한하신 자비에 대한 끝없는 신뢰가 합쳐지고, 그 여정은 점차 하느님이 원하시는 대로 되어 간다.

## 5장
## 체험 깊어지기

앞 장에서 암시했듯이, 나는 프로이트의 대단한 관찰력은 인정하지만 그와는 아주 다르게 무의식을 이해하고 있다. 용어 사용에서는 융의 관점에 더 가깝고, 무의식은 긍정적인 요소와 부정적인 요소를 모두 포함하는 편이다. 무의식에는 우리가 아직 인식하지 못하는 잠재력이 있다. 또한 우리가 완전히 억압해 놓은 정서적 내용이나 정서적으로 부하된 사건들도 있다.[1] 아니면 다른 말로 표현해서, 무의식을 심리적인 것과 존재론적인(존재의 수준) 것으로 구별할 수 있다. 심리적인 부분에는 우리의 인간적인 전 역사, 특히 주로 생존해야 한다는 동기로 어렸을 때 억압해 두었던 정서적 충격들이 있다.

존재론적인 무의식에는, 다른 말로 존재의 수준에는, 아직 활성

---

[1] 후자는 잠재의식subconscious과 구별해야 한다. 잠재의식은 우리가 인위적으로 그곳에 넣은 자료로서, 그 자료가 거기에 있음을 알고 있다. 이것은 마치 만트라나 다른 기도어를(예를 들면 예수기도) 계속 되풀이함으로써 나중에는 그 기도어가 스스로 되풀이되는 것과 같다.

화되지 않고 있는 영적 발달에 대한 모든 인간적인 잠재력이 있다. 이것은 또한 자연적인 에너지와 은총의 에너지로 구분할 수 있다. 어떤 면에서 두 가지 에너지는 모두 하느님에게서 온다고 할 수 있다. 그 이유는 하느님은 두 가지를 다 창조하시고 돌보시는 분이기 때문이다. 자연적인 에너지는 생명의 힘, 역동적 근거, 쿤다리니kundalini, 우주적 에너지 등으로 다양하게 불린다. 이것들을 통하여 존재하는 모든 것이 생겨나고 돌아가는 어떤 창조적인 과정에 우리가 참여한다. 그리스도교 용어에 따르면 "세상에 들어오는 모든 사람들에게 비추는 빛"(요한 복음서 서두)이라고 부를 수 있다. 이 에너지는 만일 방해받지 않는다면, 잉태에서부터 육체적으로 온전히 성숙할 때까지 점차 그 모습을 드러낸다. 동시에 두뇌와 신경 계통을 통해 정신적이고 영적인 발전의 기초 역할을 한다.

영적 여정을 처음 시작했을 때, 대부분의 사람들이 아직 접촉하지 못한 선천적이고 거룩한 에너지와 더불어, 거기에는 그리스도인들이 아버지와 아들과 성령의 삼위라고 부르는 하느님의 현존도 있다. 이 삼위는 교회 교부들의 용어에 따르면, 분리될 수 없는 일치 속에 존재하는 무한히 서로 다른 세 '위격'이다. 이러한 엄청나고도 무의식적인 거룩한 생명이, 세례 때 혹은 영적 여정에 진지하게 투신할 뜻을 표시하면서 세례에 대한 열망을 가질 때 우리에게 주어진다. 그러므로 알게 모르게 우리는 자연적인 에너지와 은총의 에너지로 이 거룩한 생명을 나눈다. 이러한 인간에게 내재하는 신화(神化, divinized; 초대 그리스 교부들이 즐겨 사용했던 말)의 잠재력을 실제화하고 활성화하는 것이 인간이 해야 할 탐험이다. 이러한 탐험에 우리가 어느 정도 우선순위를 두느냐에 따라, 무의식 속에 있는 존재론적 힘이 특정한 삶 속에서 얼마나 활성화될 것이냐 하는 정도를 결정짓는다.

무의식을 다루고 있기에 때때로 인간적이고 신적인 성장으로 가는 우리의 길이 벽에 부딪치기도 한다. 이것들은 신체적이거나 정서적이거나 영적일 수 있다. 향심 기도는 엄격한 의미에서 관상에 이르게 하면서, 삶에서 인정하지 않았던 문제들을 정면으로 부딪치라고 부드러우면서도 끊임없이 우리에게 요구한다. 때로 우리는 그것이 정말로 무엇인지 알지도 못한다. 종종 행복을 위한 정서 프로그램처럼 그 문제들이 무의식적인 과정이기에, 문제의 어떤 측면을 우리는 잘 알아보지 못한다. 이러한 벽에 부딪치면, 그것은 우리 안에 있는 무엇이 하느님의 뜻에 우리를 맡겨 드리지 못하게 하고 있다는 사실을 경고해 주는 것이다. 그러면서도 현재의 상황에서는 우리가 그에 대해 행동할 힘이 없는 것처럼 보인다. 우리가 할 수 있는 일은 그 벽이 무너지기를 기다리면서 기도하는 것이다. 때로 이것은 오랜 기다림이 되기도 한다.

향심 기도를 정기적으로(하루 두 번씩) 하면, 은총에 대항하는 우리의 내적 저항이 계속 줄어든다. 하느님이 우리에게 보여 주고 싶어 하시는 것을 인정하는 것과 그분이 우리에게 주려고 하시는 것을 받아들이는 데 대한 무의식적인 저항이 있을 수 있다. 이러한 저항은 다른 방법들로 나타나기도 한다. 예를 들면, 아픔과 같은 육체적인 증세, 진지하게 "네"라고 대답할 수 없다는 느낌, 일반적인 불편한 마음 등이다. 그렇지만 그대로 기다리면서 향심 기도를 정기적으로 하면, 언젠가는 저항의 둑이 무너지기 시작한다.

이성이 생기기 시작하는 연령쯤에 우리 안에 계신 신성한 에너지와의 접촉을 완전히 상실한 채 '사색적 자아의식reflective self-consciousness'을 온전히 갖게 된다. 향심 기도는 하느님이 우리 안에 현존하시고 활동하시는 것에 대하여 동의하는 움직임이다. 향심 기도를 오래 수련할수록 우리가 언제 깊은 곳으로 가는지를 잘 모르게 된다. 그러면 우리는 "잘 안 되는군." 하고 생각한다. 언젠가 하느님의 현존에 강하게 사로잡혔던 때가 있었음을 우리는 기억한다. 인간의 신체 기관은 상황에 대해 놀랄 만큼 잘 적응한다. 팔다리가 없거나, 눈이 멀었거나, 다른 신체적인 장애가 있는 사람들이 삶에 잘 적응하는 모습을 종종 본다. 이렇듯 하느님의 위로나 깊은 휴식에 아주 익숙해지면, 우리는 그 사실을 잘 알아차리지 못하곤 한다. 그렇다고 은총이 우리 안에서 덜 활동하고 있음을 의미하지는 않는다. 기도 초기에 우리는 자주 하느님 안에 잠기곤 했지만 3~4년이 지난 다음에는 마치 기도가 이를 닦는 것과 같이 습관화되어서 아침저녁마다 자동적으로 기도하게 된다. 평정의 기도를 경험하더라도, 처음 이 경험을 했을 때 받았던 인상을 이제는 갖지 않는다. 앉아서 기도하더라도 아무 일이 일어나지 않는 것처럼 보인다. 지나가는 생각을 인식하고 나서는 일어나 일상의 사무로 돌아가고, 이렇게 하루하루가 지나간다.

사실 정화의 과정이 언제나 진행되고 있지만, "지금 휴식하고 있다. 지금 짐을 덜어내는 중이다. 지금 원시적인 감정을 가지고 있다. 지금 거룩한 단어로 돌아가려고 애쓰고 있다." 등과 같은 신호들이 예전처럼 우리 앞에서 손을 흔들지는 않는다. 휴식한다는 감각은 상대적이다. 그래서 하느님 안에 침잠했다는 것을 다른 신호를 통하여 짐작해야 한다. 이러한 것 중 하나가 시간의 흐름이다. 앉아서 기도하면 생각이 계속 지나간다. 우리는 이전에 녹음된 모든 비평을 무시하는 법을 아직은 배우지 않아서 "오늘은 기도가 잘 안 되는군." 하고 생각한다. 그렇지만 기도 시간의 끝을 알리는 소리가 들릴 때 금방 기도를 시작한 것처럼 느껴진다. 시간 가는 줄 몰랐다거나 시간이 매우 짧았던 것처럼 느껴지면 분명 깊은 곳에 가 있었던 것이다. 시간은 동작을, 특히 특정한 사물이 지나가는 것을 재는 척도다. 생각이 많을 때는 기도가 길게 느껴진다. 그런데 많은 생각을 하고 있으면서도 시간이 짧게 느껴지면, 우리가 단단히 집중하고 있었음에 틀림없다. 복음의 위대한 가르침을 기억해 보자. 하느님 나라는 커다란 경험 속에 있는 것이 아니라 일상적인 시간의 흐름 속에 있다. 여기에서 은총의 씨가 자라고 있는 것이다. 하느님은 우리의 기도에 끼어드시지만 우리가 알아차리도록 하지는 않으신다. 기도가 실제로 깊어질수록, 그것은 더욱 습관적으로 일상적인 인식의 밖으로 떨어져 나간다. 만일 하느님의 위로를 경험한다면, 그것은 우리 안에서 이루어지는 하느님의 활동을 그렇게 해석한 것이다. 그러므로 우리 경험의 해석은 문화적 배경과 기질과 개인적 역사에 의해 조건화된다. 은총의 경험이 더욱 섬세해지고 영적으로 되면 우리는 그것을 덜 알아보게 된다. 그렇다고 우리가 위안이라든지, 내적인 감미로움이라든지, 사랑의 물결 같은 형태로 오는 영적인 경험에 저항해야 함을 뜻하지는 않는다. 우리는 그것이 필요할지도 모른다. 하느님은 삶의 매 시기마다 달라지는 우리의 의식 수준과 눈높이를 맞춰 말씀하신다. 그렇지만 우리가 의식의 사다리를 올라가서 이성의 수준을 넘어 직관의 수준으로 가면, 하느님에 대한 생각이 확장되고 하느님은 더 이상 우리의 의식 수준과 눈높이를 맞춰 의사소통하지 않으신다.

 관상 기도를 하는 많은 사람들이 논리적 묵상이나 특정한 소망을 아뢸 수 없게 됨을 경험한다. 그것들은 그저 마비되었다. 그들은 기도하지 않는 시간에는 이와 같은 정신적인 일들을 잘할 수 있다. 그러나 기도를 시작하자마자 그들은 무력한 상태가 되고 만다. 성령이 그들의 기도를 떠맡으신 이상 그들의 성찰에 관심을 가지지 않을 수가 없는 것이다. 이러한 일들은 사실상 기도의 준비 과정에 불과하다. 만일 성령이 뛰어난 생각을 원하신다면 천사를 불러 시킬 수도 있다. 하느님은 만일 천재를 원하셨다면 그들을 더 많이 창조하셨을 것이다. 유다-그리스도교 전통에 의하면, 하느님이 인간에게 바라시는 것은 우리의 사랑이다.

그러므로 기도 중에 깊은 휴식이 있을 수 있지만, 그 원천은 주파수가 매우 높아서 휴식이나 위안 등으로는 더 이상 전달되지 않는다. 거기에는 단순히 신비한 이끌림이나 하느님에 대한 배고픔이 있을 뿐이다. 이것은 우리가 관상 기도에서 진일보하고 있다는 확실한 표시의 하나다. 일상적인 인식의 강에 눈에 뜨이는 보트가 지나가면서 무의식에 뿌리박힌 정서 프로그램 중 하나를 건드렸기 때문에, 우리의 동의가 약간 흐릿해질 때면 성령은 언제나 그 동의를 새롭게 하려고 우리를 움직이신다. 행복을 위한 정서 프로그램과 그에 따라 고통스러운 욕망을 가진 거짓 자아가 완전히 비워질 때까지, 지나가는 생각들은 계속해서 마음을 끌거나 혐오감을 자아낼 것이다. 아직도 무의식 안에는 자극받을 그 무엇이 남아 있기 때문이다. 무의식 안에 자극받을 만한 것이 더 이상 남아 있지 않을 때 내적 자유가 완성되고, 늘 그랬듯이 평화로워진다.

처음 몇 년 동안 경험했던 휴식에 대한 영적인 감각은 늘 휴식하는 상태로 순수해지기 시작한다. 휴식이 영주하는 이러한 상태는 '평화'라고 부를 수도 있는 것으로 감각만으로는 알 수 없는 평화를 뜻한다. 그것은 기쁨과 슬픔을 넘어선 것인데 하느님의 현존에 뿌리를 두고 있기 때문이다. 그 사람은 하느님의 항구한 사랑 속에 안전하게 머문다. 그렇지만 아직도 완전히 부서지지 않은 거짓 자아가 남아 있어서, 의식적인 혹은 무의식적인 정서 프로그램의 하나에서 오는 욕망을 일깨워 주는 자극에 여전히 민감하다면, 우리의 평화는 아직 어떤 주의를 요한다고 보아야 한다.

휴식은 평화로 이끈다. 평화란 특별한 내용이 없다. 우리는 무언가에 대해 평화로운 것이 아니라 그저 평화로운 것이다. 시편 작가는 이러한 경험에 대해 아주 잘 표현하고 있다. "저는 제 영혼을 가다듬고 가라앉혔습니다. 어미 품에 안긴 젖 뗀 아기 같습니다. 저에게 제 영혼은 젖 뗀 아기 같습니다."(시편 131,2) 엄마의 우유를 먹으려고 안간힘을 쓰는 것을 마침내 끝내고, 우유 때문에 보채는 일 없이 엄마가 그저 엄마이기를 받아들인 아기의 모습을 여기에서 볼 수 있다. 이것이 진전인가, 아닌가?

감정의 의미에서가 아니라 기도의 심리적인 내용이 어떻든지 간에 그 내용에 대해 우리가 만족한다는 의미에서 하느님 안에 쉴 수 있다면, 시간은 빨리 지나간다. 가끔 우리가 어떤 무의식적인 내용에 부딪치기도 하지만, 그것은 이제 더 이상 극적이지 않다. 어릴 때의 원시적인 정서가 떠오르기도 하는데, 여러 번 정신적 역겨움을 경험하고 나면 더 이상 그것을 두려워하지 않는다. 우리는 새로운 경험을 하면 처음에는 그것이 충격적으로 느껴진다. 일생 쌓여 온 정서적인 내용을 아직도 계속 덜어 내고 있지만, 무의식의 짐을 내려놓는 것이 이제는 상대적으로 잘 보이지 않는 경향이 있고, 그러한 일들이 일상적인 기도 중에 일어난다.

이 기간은 한 수준의 의식 혹은 한 수준의 믿음에서 다음 수준으로 옮겨 가는 과정이다. 영적 여정의 봄이 지난 후, 특히 행복을 위한 정서 프로그램이 하느님의 활동으로 뿌리 뽑히는 감각의 밤이 거듭될 때, 이성과 감각으로 가졌던 믿음은 사라진다. 우리 자신의 활동으로는 치유될 수 없다. 우리가 점차 하느님의 활동에(특히 위안이라는 모유에서 젖을 떼는 동안) 우리 자신을 맡겨 드리고, 위안 대신 순수한 믿음의 수준에서 하느님의 현존이 주는 안정된 감각을 받아들임으로써 치유가 이루어진다. 순수한 믿음은 대가를 바라지 않으며, 특히 '영적인 폐기물'이라고 할 수 있는 감각적 위안을 바라지 않는다. 영적인 여정의 단단한 음식은 순수한 믿음이다. 이것은 '생명으로 이르는 좁은 길'이며, 특별한 심리적인 느낌이나 경험 없이 그저 사랑하는 마음으로 하느님을 기다림으로써 나타나는 것이다.

그러므로 지향성은 어둔 밤에 떠오르는 별과 같다. 그것이 관상기도의 '초점'이다. 우리가 하느님께 봉사하고, 하느님께 귀 기울이고, 하느님을 기다리고, 하느님께 맡겨 드린다는 지향이 순수하게 남아 있는 한, 어떠한 종류의 생각이 떠오르더라도 아무런 차이가 없다. 그것들은 기도의 순수함에 아무런 영향을 미치지 못한다. 어떤 의미에서는 의지가 하는 것이 바로 우리라고 말할 수 있다(다른 말로 하면, 나의 의지가 바로 나다—옮긴이 주). 즉, 신성한 치료에 자신을 맡기고 하느님을 기다린다는 지향이 확고하면, 신성한 치료는 일어난다.

물론 영적 여정이 잘 진전되고 있다 해도 우리의 지향에 거짓 자아가 끼어들 수 있다. 거짓 자아는 착각을 일으키는 데 도사다. 우리가 하느님의 사랑을 위하여, 순수하게 자신을 하느님에게 승복시키고자 무엇인가 하고 있다는 생각도, 영적인 자만에 아주 미묘하게 영향을 줄 수 있다. 영적 자만에 대한 마지막 정화는 전통적으로 '영의 어둔 밤'이라고 알려져 있다. 이것은 무의식에 있는 거짓 자아의 잔재에서 자유를 얻고, 결과적으로 변형적 일치를 준비시키기 위한 것이다. 이러한 마지막 정화가 진행될 때까지 우리의 지향성으로 최선을 다하면서, 섬세하게 일어나는 집착을 알아차리자마자 그것을 인정하고 끊어 버린다. 우리는 그 거짓 자아를 전례나 성사 때 가져올 수 있다. 하지만 그 거짓 자아를 관상 기도에 언제까지나 가져올 수는 없다. 관상 기도의 본질이 그 거짓 자아를 무너뜨리는 것이기 때문이다.

하느님이 우리와 의사소통하시는 주파수가 높을수록, 신적 전달은 더욱 잘된다. 가장 높은 수준을 해석할 만한 능력이 인간에게는 없다. 오직 믿음으로만 그것과 접촉할 수 있다. 어떻게? 우리의 동의로서. 이것보다 더 쉬운 일은 없다. 처음에는 이처럼 지극한 단순성을 받아들이는 것이 쉽지 않다. 하느님이 완전히 현존하신다면 우리가 어떻게 그분의 현존을 놓칠 수 있단 말인가? 이것이 문제다. 모든 영적인 훈련은 하느님이 부재不在하시다는 우리의 엄청난 착각을 줄이기 위해 만들어졌다. 하느님은 부재하시지 않다. 우리가 그렇게 생각할 뿐이다. 사람은 생각하는 대로 행동하기 마련이므로, 우리는 평소 하느님이 부재하신 것처럼 살아간다. 따라서 그 혼동을 해소하는 데 도움이 되는 어떤 일을 하기만 해도 우리의 영적 여정은 앞으로 나아가게 된다.

무의식을 덜어 냄은 보통 정서적인 방향으로 형성된 생각의 형태를 취한다. 우리의 기도가 자리 잡고 나면, 덜어 내는 과정은 어두운 밤이 극렬하게 진행되는 때와 같은 정화 기간을 제외하고는 눈에 잘 드러나지 않게 된다. 77쪽의 [그림 5]에서 보면 생각과 휴식은 같은 원형 과정에 있는 다른 두 개의 순간이다. 생각에 저항하거나 그것 때문에 주의가 산만해진다고 치부하면, 우리는 덜어 내는 과정에도 저항하는 것이며 치유를 지연시키는 것이 된다. 저항하지 않으면 그 과정은 계속된다. 그러므로 기본적인 수련은 그저 수련하는 것이다.

물론 우리에게는 향심 기도가 좋은지 아닌지를 알 권리가 있다. 하지만 그것을 알 수 있는 방법은 일상생활에 나타나는 영향을 보는 것뿐이다. 그렇다면 그 영향이란 무엇을 말하는가? 인간에게는 성공을 대단한 것으로 간주하는 속성이 있다. 그러나 이것이 하느님의 가치 체계는 아니다. 우리는 거룩한 단어로 계속 다시 돌아감으로써 점차 거짓 자아의 껍질을 층층이 벗겨 내고 마침내 비워지게 된다. 그리고 나면 우리의 지향은 더 이상 도전을 받지 않는다. 우리는 언제나 "예."라고 할 수 있게 된다. 그리고 어렸을 때 자신의 생존을 위하여 만든 자기중심적 우주나 자신이 만든 자아에 의해서가 아니라 하느님의 거룩한 사랑에 의해서 행동하게 된다.

이러한 수련 경험이 있는 사람들을 위하여 다른 현상 하나를 지적하겠다. 여기서 '경험이 있는'이란 말은 그것을 하루에 두 번씩 몇 년간 수련해 온 사람들을 뜻한다. 당신이 기도를 시작하여 휴식이나 평화로 옮겨 가고 있다고 하자. 초심자에게는 이렇게 말한다. "당신이 어떤 것에 대해 생각하고 있음을 알아차리면 거룩한 단어로 아주 부드럽게 돌아가라." 나중에는 이렇게 말한다. "당신이 어떤 생각에 이끌리고 있음을 알아차릴 때마다 거룩한 단어로 돌아가라." 초심자는 이 두 가지의 차이를 분간하지 못할 수도 있다.

거룩한 단어는 지향을 나타내며, 우리 존재의 영적인 수준을 향해 가고자 하는 의지의 움직임이다. 우리가 평화에 도달하면 두 가지 인식 수준이 나타난다. 25년 전에 일어났던 일이나 내일 일어날 일들, 다음 여름휴가 계획 등과 같은 생각들이 지나간다고 치자. 동시에 우리는 이러한 일들에 별 흥미가 없다는 것도 안다. 이럴 때 '거룩한 단어로 돌아가야 하는가?' 하고 생각한다. 그런 생각이 드는 사실 자체만으로도 우리가 돌아가지 말아야 한다는 것을 의미한다. 왜냐하면 거룩한 단어가 이끌어 주는 그곳에 우리가 이미 와 있기 때문이다. 거룩한 단어는 그 이상의 일을 할 수 없다. 우리가 평화의 장소에 와 있으면, 더 이상의 방법은 필요 없다. 깊은 평화에 머무는 것 자체가 바로 방법이기 때문이다.

향심 기도 중에 우리는 때로 두 가지 의식 수준을 동시에 경험한다. 하나는 우리가 흥미를 느끼지 않는 생각과 감정의 인식이며, 다른 하나는 투신하고 경험하는 섬세한 현존의 인식이다. 이러한 경우에 아무리 많은 생각이 지나가더라도 우리는 거기에 주의를 기울이지 않는다. 이것은 마치 거리에서 들려오는 소음이나 슈퍼

마켓에서 들려주는 음악과 같다. 그것을 무시하고 그대로 견디어 낸다. 만일 그 소음을 떨쳐 버리고자 거룩한 단어로 돌아가려고 애쓴다면, 평화를 불필요하게 깨뜨리고 만다. 마음을 끄는 어떤 생각이 우리를 일상적인 인식 수준(강의 표면)으로 끌어올린다고 알아차렸을 때만 거룩한 단어로 돌아갈 필요가 있다. 더욱이 우리는 아주 순수해진 곳에 있으므로 거룩한 단어를 분명하게 떠올릴 필요도 없다. 단지 그것이 없어졌음을 알아차리고 그저 떠올리기만 하면 된다. 그 정도면 내적 평화로 향하는 움직임을 다시 찾는 데 충분할 것이다. 그러나 아무리 섬세하더라도 지향의 순수성이 도전받을 때, 그 순수성을 유지하려면 무엇인가를 해야 한다.

덜어 냄을 아주 심하게 하는 기간에 무의식에서 나오는 것들은 마치 지하의 화산이 폭발하거나 지진이 일어나는 것과 흡사하다. 아니면 밀려오는 파도처럼 생각과 지각과 정서가 거룩한 단어를 파묻어 버리는 것같이 느낀다. 우리가 거룩한 단어를 찾을 수 없거나 찾아도 도움이 되지 않는다. 이러한 경우에는 일어나는 상황을 그대로 받아들이는 것이 당분간 거룩한 상징 구실을 할 수도 있다. 다른 말로 하면, 우리의 인식 안에 원시적인 정서나 괴롭히는 생각이 있다는 사실이 하느님과 함께하겠다는 우리의 지향을 나타내는 상징이 될 수도 있다. 그것들이 사라지고 나면 아무 일도 없었다는 듯 다시 거룩한 단어로 돌아간다. 이것은 단지 하나의 소나기다. 비록 폭풍우 속에 있다 하더라도 그것에 대해 생각하지 않는다. 그저 지나간 것으로 행복하게 생각하고 거룩한 단어로 다시 돌아간다.

평화란 하느님, 자기 자신, 다른 사람, 우주 등 모든 것에 대하여 우리가 맺는 올바른 관계이다. 이것은 평형을 유지하는 행동이다. 그 경험이 아주 섬세하여 우리는 그것을 경험이라고 생각하지 않을 수도 있다. 그것은 분명 경험이지만, 우리가 그 이상의 것을 바란다면 그 정도는 아무것도 아니라고 생각한다. 이것은 마치 복음의 비유에서 겨자씨와도 같다. 아주 작아 보이지만 그대로 내버려두면 나중에 큰 나무로 자란다. 우리의 시야를 일상적인 삶의 흐름 안에 유지해야 하는데, 그 이유는 하느님 나라가 바로 그곳에 진정으로 존재하기 때문이다. 일상적인 삶의 흐름 밖으로 나온 것을 알아차리면, 즉시 이것이 과연 하느님 나라인지 의심해야 한다. 나는 무의식을 덜어 내는 것을 걱정하기보다는 환시라든가 음성을 듣는 것과 같은 커다란 경험을 더 우려한다. 이것들은 다루기가 더 어렵다. 이러한 것들이 직접 하느님께로부터 온 의사소통이 아니라고 믿기도 어렵지만, 사실상 이러한 의사소통에 대해 우리가 그렇게 해석하는 것일 수도 있다.

십자가의 성 요한에 따르면, 하느님을 가장 안전하고 확실하고 온전하게 받아들이는 것은 순수한 믿음이다. 그의 표현으로는 이것이 "하느님과 일치를 이루는 지름길"이다. 이 가르침은 훌륭하며 아주 순수하다. 하지만 보상적인 만족에 대한 욕망을 품을 수도 있다는 것을 배제하지 않는다. 보상에 대한 욕망은 하느님과의 일치를 더디게 한다. 보상에 대한 욕망은 영적인 여정의 관점에서 볼 때, 영적인 군것질이나 불량 식품을 찾는 것과 같다. 하느님은 이 모든 것을 정화하셔야 한다.

그러면 무엇이 진정한 음식이며, 그것은 어떻게 우리를 양육할 것인가? 히브리서 저자는 인간의 기본 요소로서 육체와 영혼과 영을 구분했다. 육체는 우리가 살고 있는 역사적인 육신(현재 우리의 영혼이 몸담고 있는 육신―옮긴이 주)을 말한다. 영혼은 자체적으로 특수한 에너지를 가지고 있다. 그 표현 중 하나가 다른 사람들과의 관계에서 경험하는 우리의 정서이다. 일례로, 우리는 어떤 사람에게 즉각적으로 동정심이나 친밀감을 느낀다. 그런데 정작 그 사람은 아무런 말도 하지 않았을지도 모른다. 그 사람의 삶이나 욕망 등에 대해 아무것도 모르지만, 우리 안에 있는 그 무엇이 공감대를 형성하면서 그 사람과 친구가 되고 싶어 한다는 것을 깨닫는다. 혹은 어떤 사람이 우리에게 "당신이 한 일이 나에게 큰 감동을 주었습니다." 하고 말할 수 있다. 우리가 실제로 그 사람과 어떤 접촉을 하지는 않았다. 그러나 거기에는 정서적인 상호 작용이 분명히 존재한다.

'영'은 우리의 영적인 에너지를 말하는 듯하다. 그것은 성령께서 우리 안에 현존하시고 활동하신다는 것의 다른 표현이다. 52쪽의 [그림 3]과 58쪽의 [그림 4]에서 보듯이 심리적인 인식의 표면적인 수준 아래에는 더 깊은 영적인 수준이 있어서, 생각하고 느끼는 일상적인 기능보다 더 깊은 수준으로 하느님과 친밀하게 조율하고 있다. 이 수준이 향심 기도로 가고자 하는 수준이다. 우리 존재의 핵심 안에서는 '거룩한 내재'에 대한 인식이 더욱 친밀하게 일어나고 있다. 이러한 영적인 에너지가 활성화되고—하느님께서는 결코 부재하시지 않으므로 이 말은 그 현존에 대해 우리가 더욱 민감해졌다는 것을 뜻한다—그것들의 온전한 잠재력에 실제로 접촉하게 될 때 우리는 낮은 수준에서 그것들을 덜 지각하게 된다. 그리고 감각적 위안과 성찰은 의식 밖으로 떨어져 나간다. 그것들이 아직 존재할 수도 있지만 하느님과의 관계는 더 이상 거기에 의존하지 않게 된다.

하느님은 육신과 영혼과 영의 세 가지 수준에서 우리를 양육하시는 것 같다. 개인적인 발전이 진전되면서 하느님에 대한 우리의 생각은 더욱 확장되고 심오해진다. 성령은 우리가 경험하는 모든 어려움들을 재정비하시어, 우리로 하여금 존재의 각 수준에 알맞게 신성한 에너지를 표현할 수 있게 하신다.

양자 역학에 따르면, 여러 가지 수준의 물질 에너지는 동시에 같은 물리적 공간을 공유할 수 있다. 이와 비슷하게 신성한 에너지는 우리 안에서, 우리가 전혀 지각하지 못하는 여러 수준에서 일할 수 있다. 그것은 이 에너지가 실제가 아니라든가 현존하지 않는다는 것을 뜻하지 않는다. 은총의 수준에서는 우리가 성장하는 데 디딤돌이 되어 주기에 좋았지만, 하느님의 현존과 활동이 온전하게 나타나는 데는 적절하지 못한 집착이나 지나친 의존에서 믿음이 정화된다. 영적인 여정은 이렇게 하여 우리의 즉각적인 인식에서 떨어져 나가기도 한다. 신성한 에너지는 우리의 기능이 그 에너지를 가장 지각하지 못하는 때 최고의 힘을 발휘한다. 우리가 향심 기도를 하려고 앉아서 지향을 정하면, 이미 하느님이 그곳에 현존하고 계심을 알게 된다. 우리가 그 현존을 만들어 내는 것은 아니다. 우리가 해야 할 일은 그저 동의하는 것뿐이다. 신성한 에너지는 우리 안으로 우리를 통해 흐른다. 가장 순수한 형태 안에서는 그것이 최대의 힘으로 24시간 열려 있다. 우리는 동의함으로써, 하느님의 존재를 알려고 노력하지 않으면서, 현존하시는 그대로의 하느님에게 우리를 열어 드리게 된다. 개인적인 역사, 문화적 조건화, 기질상의 편견으로 그것을 표현하고 전달하고 해석하는 매체에 의존하지 않으면서 하느님의 현존에 동의한다. 하느님은 오직 하나의 조건 아래서 당신을 전달하신다. 그것은 우리의 동의이다. 환시, 위안, 체험, 심리적인 돌파구 등은 모두 어느 정도 가치를 지니고 있겠지만, 순수한 믿음 안에서 하느님이 전부라는 최대의 가치로 향하도록 지표가 되는 극히 제한된 가치가 있을 뿐이다. 이러한 믿음이 일단 확신으로 변하면 내가 누구인가, 하느님은 누구이신가에 대한 관점에도 변화가 온다. 이것은 향주덕과 성령 칠은을 통해 적절히 작용하여, 일상생활의 현실과 일과에 반응할 수 있게 한다. 또한 평범하고 보잘것없는 것은 물론 고통 안에서도 하느님의 현존을 알아볼 수 있게 한다.

여기에 에너지가 아직 더 남아 있는데 그것은 다음 삶을 위해 보존되어 있다. 이는 신학자들이 '지복직관至福直觀'이라고 부르는 것이다. 이를 체험하려면 육신의 한계에서 자유로워져야 한다. 이 에너지는 아주 강력해서 만일 일상생활의 사건들이 하느님과 나 사이에 끼어들어 이 신성한 에너지와 우리가 계속해서 접촉하는 것을 분산시켜 주지 않고 그 에너지에 그대로 노출된다면, 우리의 존재는 흔적만 남고 사라졌을 것이다. 이 에너지가 우주에 빛을 주고 회전하는 성운을 형성하는 큰 에너지다. 우리는 이 에너지를 한 번에 조금씩만 받을 수 있을 뿐이다. 하늘나라에서는 우리가 원하는 만큼 받을 수 있다. 우리는 하느님의 본질을 말하자면 마음껏 즐길 수 있게 되는데, 그리고 나서야 우리의 육신은 영광을 받고 이 에너지를 다룰 수 있게 될 것이기 때문이다.

# 6장
# 관상 기도자를 위한 영적 지도

　영적 지도의 개념적 배경으로 아무리 유용하다 해도, 학문적인 교육 과정을 밟는 것만으로는 영적 지도자가 될 수 없다. 마찬가지로 심리학적 배경이 매우 유용하긴 하지만, 일차적으로 이는 좋은 심리상담가가 되기 위한 것이다. 영적 지도를 받고자 하는 사람들 안에 있는 성령의 섬세한 움직임을 분별할 수 있는 이가 저절로 생겨나지도 않는다.

　향심 기도는 앞에서 보았듯이 관상 기도를 준비하는 하나의 특수한 방법이다. 이렇게 수련하는 사람들에게는 이 과정에 대한 개인적인 지식과 경험을 갖춘 지도자가 필요하다. 때로 그리스도교의 관상 전통에 대한 문헌으로 훈련받은 영적 지도자나 피정 지도자들이 관련된 책을 몇 권 읽으면 향심 기도를 지도할 수 있다고 생각한다. 그러나 향심 기도를 가르치려면 특수한 훈련과 오랜 기간의 정규적인 수련이 필요하다. 그런 훈련과 수련 없이는, 그 섬세함을 온전히 이해할 수 없고 다른 이에게 적절히 전수해 줄 수도 없다. 향심 기도는 수용적인 방법이기 때문에, 이 방법에 따르는 심리적인 영향을 지도자가 미리 내다보고 있어야 한다. 어둔 밤이 수련 중에 아주 일찍 올 수도 있다. 이때 지도자는 얘기를 잘 들어주어야 하고 많은 확신을 줄 방법을 알고 있어야 한다. 향심 기도 지원 모임이 오래 지속되면 이 부분을 이겨 나가는 데 있어 지도자보다 더 많은 용기를 줄 수 있다. 특히 지도자가 어둔 밤에 대한 경험이 거의 없을 경우에는 더욱 그렇다.

일반적으로 관상 기도의 지도자에게는 특수한 감수성이 요구된다. 이러한 감수성 중 하나가 내외 활동의 평형을 유지하게 하는 특수한 민감성이다. 순수한 심층적 기도는 영적 독서, 전례, 관상 기도를 하는 사람의 기도 상태를 말하는 강론이나 강의를 통해 관념적인 지식을 얻지 않는다면 침체될 수도 있다. 이 기도에는 지적·정감적·직관적 요소들의 균형이 필요하다. 관상 기도는 하느님께 가는 데 우리의 기능을 이용하는 것으로부터가 아니라 그 기능의 이용에 집착하는 것으로부터 우리를 해방시킨다. 이것들을 올바르게 이용하면 지혜, 이해, 지식의 은사를 온전히 얻도록 해 주며 용어가 의미하는 대로 온전한 관상 기도로 우리를 이끌어 준다.

향심 기도는 묵상과 정감적 기도로 발달된 그리스도와의 관계를 그 이상으로 진전시키는 차원을 지니고 있다. 대 그레고리우스 성인에 따르면 그것은 "하느님 안에 휴식"이다. 그렇지만 자신의 기도가 휴식을 준다고 해서 언제까지나 휴식만 취할 수는 없다. 하느님 안에서 쉬는 동안 얻은 믿음과 사랑의 태도에서 우러난 활동이 뒤따라야 한다. 향심 기도로 얻은 휴식은 일상생활에서 표현되어야 한다. 그렇지 않으면 어떤 기도든지, 특히 위안이나 평화를 주는 것이면 고도의 신경안정제 역할로 퇴보하고 만다. 말하자면 자기중심적 목표와 관심사에 집착하거나 다른 사람들의 형편에 무감각했던 이전 상태로 돌아가는 것이다. 그러므로 일상생활과 기도의 상호 작용은 우리를 복음의 관상적 차원에 동화하게 만드는데, 복음의 관상적 차원은 기도는 물론 좋은 행실도 함께 요구한다.

그리스도는 언제나 우리의 스승이시다. 하느님을 아빠, 사랑하는 아버지로 대하는 그분의 경험을 전달하는 것이 관상 기도로 이루어지는 일이며, 이를 향하게 하는 것이 영적 지도의 일이다. 그러므로 그리스도인 모임에서 이루어지는 전례, 특히 성체성사는 신성한 치료에서 기본적인 부분이다. 이는 그리스도의 생애에서 중요한 사건들과 연결된 은총을 전달해 주기 때문이다. 관상 기도는 전례에 대한 감사의 정을 깊게 해 주는 한편, 회중과 특히 성체 안에 현존하는 신성한 전달 divine transmission을 받는 능력을 더해 줄 것이다. 우리가 관상 기도와 행동으로 준비를 잘할수록 사람들 가운데 계시는 그리스도의 현존이 우리 존재의 깊은 곳에 와 닿을 것이고, 우리를 각 수준에서 변형시켜 줄 것이다. 이와 같이 온전한 그리스도인의 삶에 근거를 두지 않는 한, 관상 기도는 변형적 일치로 향하는 길의 일부분만 얻게 할 뿐이다.

  앞 장에서 나는 '신성한 치료'를 모형으로 하여 영적 여정의 경험에 대한 개념적인 배경을 발전시켜 보려고 했다. 이 모형은 영적 지도자로 부르심을 받은 사람들에게도 유용하다. 관상 기도를 하는 사람들에게 더 이상 기도가 되지 않는다고 느낄 때가 올 것이다. 남은 것이라고는 기도하고픈 열망뿐이고 때로는 내적 정화와 겹쳐서 일상생활의 굉장한 어려움 속에 묻혀 버리기도 한다. 그들에게는 기도하고픈 열망 자체도 기도라는 사실을 거듭 되새겨 줄 필요가 있다. 십자가의 성 요한은 위대한 통찰력으로 이렇게 말했다. "사랑은 어떤 굉장한 것을 느끼느냐 하는 데 있지 않고, 사랑하는 사람을 위하여 상당히 초연해지고 고통을 받아들이는 데 있다." 하느님에 대한 사랑은 느낌이 아닌 선택의 문제이다. 그리고 이는 십자가의 성 요한이 어둔 밤이라고 부른 나선형 계단을 오르는 과도기 동안에 시험을 받는다. 그러므로 기도를 원하는 사람은 이미 기도하고 있는 것이며, 사랑을 느끼지 못하는 사람도 자신의 기도와 일상생활 중에 신성한 치료자에게 자신을 계속 내드리는 한 사랑하고 있는 것이다. 오랫동안 무기력하고, 메말라 있고, 하느님으로부터 버림받았다고 느끼면서 힘겨운 여정 중에 있는 사람들에게는, 하느님을 신뢰하도록 굳건하게 그리고 끊임없이 격려해 주어야 한다. 그러한 일들은 진보의 표시이지 퇴보의 표시가 아니다.

  때로는 하느님의 현존을 잃어버렸다는 느낌으로 깊은 슬픔에 잠기기도 하는데, 이러한 경우에 우리가 도와주려는 사람이 우울증에 빠졌다고 생각되기도 한다. 그렇지만 우리는 병적인 우울증과 우울한 감정의 차이를 분간해야 한다. 후자의 경우는 감각적인 위로를 경험해 온 사람으로서 지금은 분명한 이익, 도움, 그리스도에 대한 사랑 등의 결핍으로 몸부림치는 사람들에게 모든 것을 잃었다는 느낌 때문에 자연적으로 따라오는 결과이다.

  어둔 밤과 우울증을 분간할 수 있는 것은, 어둔 밤에 있는 사람은 이러한 시험이 어디론가 가고 있다는 직관을 가지고 있다는 사실이다. 모든 사람에 대하여 무비판적인 태도가 자라고, 사람이나 사물로부터 더욱 초연해지고, 겸손해지며, 하느님을 더욱 신뢰하는 등의 변화 속에서 우리는 어둔 밤의 열매를 알아볼 수 있다. 병적인 우울증에서는 아무 진전 없이 한 곳을 맴돌며 어떤 수준에서도 아무런 이익을 발견할 수가 없다. 어떤 사람에게서는 이 두 가지 상태가 동시에 나타날 수도 있다. 이러한 경우에는 우울증에 대한 심리학적 도움을 받아야 한다. 단순히 어둔 밤에 있는 사람에게 수면제나 안정제를 무분별하게 투여해서는 안 된다. 이는 은총의 과정에 방해가 될지도 모른다. 이와 같은 특별한 분별을 하려면 지극히 조심스럽게 판단해야 한다.

여기에서 말해야 할 또 다른 믿을 만한 지표는 정상적인 기능의 수준이다. 어둔 밤에 있는 사람들은 내적으로는 세상이 무너진 것처럼 느끼면서도, 직업이나 대인 관계에서는 일반적으로 제 역할을 하고 있다는 사실이다. 하느님의 뜻을 받아들인다는 일반적인 성향은 때로 심각할 정도로 자기 몰입을 하는 병적인 우울증과 뚜렷한 대조를 이루는데, 이 우울증은 세상과 접촉하는 삶의 기능들을 정지시킨다.

앞에서 예를 통해 보여 주었듯이, 향심 기도는 심리학과 많은 부분에서 상호 작용을 한다. 사실상 그것은 현대 심리학적 모델과 그리스도인의 영적 여정에 관한 고전적인 언어 사이에 대화를 이루려고 특별히 발전시킨 것이다. 향심 기도 방법에서, 그리스도인 정화의 핵심은 무의식적 동기와의 투쟁에 있는데, 기도 자체는 이전에 억압했던 무의식 속의 내용이 솟아오르도록 한다. 그러므로 영적 지도자는 무의식에서 솟아오르는 것들에 대한 준비가 되어 있어야 한다. 또한 정신을 치료하는 역할을 할 것이 아니라, 다른 전문가가 필요한 때를 알아서 도움을 청할 수 있도록 용기를 북돋아 주어야 한다. 임상심리학자이면서 영적 지도를 위한 살렘 연구소의 공동 창설자인 제럴드 매이Gerald May는 심리 상담, 사목 상담, 영적 지도를 잘 구별했다. 이것들이 어느 정도 서로 중복되지만, 각각은 독특한 중요성과 온전함을 지니고 있어 존중되어야 한다. 그러므로 심리학과 영적 지도 사이에는 긴밀한 협력이 필요하다. 신경증적이거나 정신병적인 증세가 영적 여정 도중에 일어나기도 하기에, 어떤 경우에는 심리학적인 도움을 청해야 한다. 그렇다고 그 사람들에게 영적인 여정이 끝났다는 것은 아니다. 그것은 단지 영적인 발전 도중에 과거의 정서적 손상이 표면으로 올라오기 때문에 특별한 돌봄이나 치료가 필요할지도 모른다는 뜻이다. 하느님께 대한 신뢰가 자라나면서, 더욱이 하느님에게 사랑받고 있다는 경험을 할 때는 더욱 자기 성격의 어두운 면을 대면하는 능력도 그에 비례하여 증가한다. 자신이 하느님에게 사랑받고 있음을 알 때는 모든 자기 방어가 무너지게 된다.

  어려움이 생길 때, 지도받는 사람이 다른 방법을 찾아 헤매는 일 없이 그 수련에 계속 정진하도록 격려해 주어야 한다. 향심 기도는 그 수련의 기본으로서 생각과 감정을 떠나보내도록 한다. 그리하여 감각의 밤이 와도 충격적인 부작용이 잘 일어나지 않도록 구조가 짜여 있어 큰 도움이 된다. 향심 기도 경험을 쌓은 지도자는 지도받는 이가 나아지지 않고 점점 나빠지는 것처럼 보여도 겁먹는 일 없이, 그에게 이 과정에서 마음을 편하게 먹고 신뢰를 갖도록 필요한 격려를 해 줄 수 있다. 아주 드물게 위험 신호가 오기도 하는데, 이는 거의 대부분 근원적인 정서상의 취약함이나 거짓 자아가 그 과정을 떠맡고 너무 강하게 밀어붙이는 바람에 빚어진 고의성의 결과이다. 정신은 건강에 대한 엄청난 적응력이 있어서 일반적으로 사람이 심리적으로 대할 수 있는 이상의 것을 덜어 내지 않는다. 또한 덜어 내는 과정이 너무 빠르면 기도 시간을 줄여야 하는데, 심각한 우울증이나 정신병 전기前期 증상이 있을 때만 기도를 완전히 중단하게 한다. 하루에 20~30분간 두 번씩 하는 기도 수련은 그 기도가 작업할 수 있도록 하는 데 정상적인 시간인 것 같다. 하루에 세 시간 이상 할 때는, 일반적으로 경험 있는 지도자가 감독하거나 집중 향심 기도 피정의 형식을 따라야 한다. 그러나 집으로 돌아오면 그 같은 형식의 기도는 계속하지 말아야 한다.

영적 지도자는 자신의 어두운 면과 특별한 욕구와 함께, 자기 성격의 원동력을 잘 인식할 필요가 있다. 많은 사람들이 자신의 욕구를 더 잘 알기 위해, 혹은 이것들로부터 자신의 주의를 돌리기 위해 심리 상담을 시작한다. 기도에서와 마찬가지로 심리학적 관계에서도 두 가지가 관여한다. 즉 치료자와의 결속이나 친밀 혹은 우정의 발달, 그리고 온전한 인격자가 되도록 건강을 되찾기 위한 치유 혹은 치료가 그것이다. 여기서 과다하거나 잘못된 우정이 치유 과정에 개입될 수도 있고, 치료가 너무 혹독할 수도 있다. 그러므로 관상 기도를 하는 사람을 영적으로 지도하는 데는 섬세한 균형이 요구된다. 만일 자신의 심리적인 역동이 작용하고 있거나 충족되지 않은 정서적 욕구가 있으면, 영적 지도자는 지나치게 관여하게 되거나 매우 감정적으로 반응할 수 있다. 영적 지도를 받고 있던 사람이 다른 지도자를 찾아가기로 결정했을 때 상처를 받았다면, 바로 이러한 모습을 보여 주는 것이다. 질투와 부러움을 느낀다는 것은 자신이 집착하고 있다는 분명한 신호이다. 지나치게 감정적으로 관여하는 것도 영적 지도를 사양할 때가 됐거나 스스로 심리적인 도움을 받을 때가 됐다는 확실한 신호이다. 때로 지나친 개입은 도와주려는 사람에 대하여 성性적인 감정으로 이끌어 갈 수 있다. 아니면 영적 지도를 받으러 오는 젊은 사람을 아들 딸처럼, 전에는 느껴 보지 못했던 감정으로 대할 수도 있다.

다른 한편으로 지도를 받는 사람의 경우를 보면, 만일 지도자가 어느 시점에서 개인적인 책임을 지도록 강조하지 않는다면 전이의 관계가 의존의 관계로 변할 수 있다. 지도자는 지도받는 이의 영적인 온전함을 존중해야 하며 그에게 정서적·지적·훈육적인 짐을 지워서는 안 된다. 개인적인 책임감을 갖도록 격려하는 것이 핵심이다. 지도를 받는 이는 언제나 자유롭게 떠날 수 있어야 한다.

영적 지도자로서 우리는 자신의 영적인 양육에도 주의를 기울여야 한다. 관상 기도를 성심껏 하고, 더 깊은 여정을 경험할 수 있는 정규 피정이나 연중 피정 등을 통해 신뢰를 유지하고 성장하는 시간을 가짐으로써 스스로 자격을 갖추어야 한다. 더 깊은 여정을 경험할수록 다른 이들의 여정을 더 잘 지원해 줄 수 있다.

다른 전통에 깊이 관여해 왔으면서 향심 기도를 가르치기를 원하는 사람에게 하고 싶은 말은 다음과 같다. 자신의 이전 경험으로 보았을 때 그것은 자연스런 결과라고 할 수 있다. 동양의 전통에 깊이 관여했던 사람들 중에 적지 않은 이들이, 특히 그들이 그리스도인으로 자란 경우에, 자신의 뿌리로 돌아오려는 욕망을 느낀다. 동양의 수련으로 그들의 정서가 평정을 찾고 어린 시절에 교회의 가르침에 품었을 수도 있는 울분이 잠재워지면서, 하느님과의 관계에서 개인적인 욕구가 열리기 시작한다. 이러한 사람들이 때로 능력도 뛰어나고 동양의 묵상을 집중적으로 수련했다는 점에서 좋은 선생이 될 수도 있다. 그러나 많은 시간을 내어 그리스도인의 기도의 개념적 배경에 동화하고 전통을 깊이 있게 연구할 필요가 있다. 그렇지 않으면, 자기도 모르는 사이에, 그들이 깊이 관여했던 이전의 전통에서 몇 가지 원칙과 태도를 인용하거나, 향심 기도 방법을 온전하게 가르치기보다는 이전 묵상 방법의 요소들과 혼동을 일으키기도 한다. 그들은 혼자서 이 일을 시작하기 전에 경험을 많이 한 사람들과 함께 일해야 한다.

요약하면, 영적인 지도는 지도자와 지도받는 사람의 현재에서 이루어져야 한다. 수련 초보자들에게는 정기적인 수련, 간단한 생활 수칙, 영적 독서 등과 같이 확고한 가르침이 필요하다. 기도 수련이 자리 잡힌 사람들에게는 일상의 수련 못지않게 거룩한 독서와 공부가 필요하다. 이를 위한 여러 가지 적절한 수련이 「Invitation to Love사랑에로의 초대」(Element, 1992) 마지막 장에서 다루어졌다. 일반적으로 그들의 목표는 관상 중에 동의하는 태도를 갖도록 격려하고, 일상생활 중에 괴로운 정서가 일어나면 즉시 떠나보내게 하는 것이다. 물론, 어둔 밤이 전개될 때 용기를 돋우어 주는 것도 아주 중요하다.

  영적인 여정에서 많이 앞서간 사람들에게는 우정에서 비롯되는 지원과 이해가 우리가 줄 수 있는 최상의 선물이다. 우리는 어둔 밤과 수동적 정화에 대한 자신의 경험 안에서 다른 이에게 도움을 줄 수 있다. 같은 여정을 지나가 본 사람이 주는 용기와 확신, 그리고 자신의 경험이 하느님께로부터 왔음을 분명히 해 주는 것은 경험 있는 지도자만이 줄 수 있는 아주 커다란 선물이다. 가장 좋은 지도는, 피지도자가 결국 모든 문제에서 성령의 더욱 섬세하고 세련된 지도에 따를 수 있게 성장하도록 도와주고 힘을 주는 것에 목표를 둔다. 지도자는 여정에서 동료 여행자이자 친구가 되고, 지도자와 피지도자는 서로 사랑 안에서 진실을 이야기한다. 진실을 이야기하는 것이 너무 가혹할 수도 있다. 그러나 사랑 안에서 진실을 말하는 것은 서로를 지탱해 준다.

# 도움을 주는 수련들
SUPPORTIVE PRACTICES

## 7장
# 거룩한 독서
- 성경 경청하기

　거룩한 독서Lectio Divina는 수도원적인 환경에서 발전한 관상 기도 방법이다. 이것은 일차적으로는 성경을 경청하는 방법이다. 그리스도교 공동체, 특히 수도 공동체는 근본적으로 성경이라는 환경에 놓여 있다. 이는 본당 공동체도 마찬가지여야 한다. 수도원은 수도자가 언제나 성경적 환경에 몰입하는 장소이며, 하루 동안 시간에 따라 다른 성무일도를 하고 고독과 침묵을 지키며 같은 뜻을 지닌 사람들이 모인 공동체이다. 전례 때 경청하고 개인적으로 성경을 읽으면, 하느님의 말씀에 담긴 어떤 힘이 있어 수도자를 점차 한 단계에서 다음 단계의 믿음으로 움직여 나가게 한다.

　중세 수도승들은 이러한 다른 수준들을 "성경의 네 가지 의미"라고 했다. 이러한 성경의 의미는 인간의 지적 수준에서 특정한 내용을 논의하는 네 가지 방법을 말하는 것이 아니다. 그것은 같은 구절을 네 가지 다른 수준에서 경청하는 것이다. 이러한 가르침은 성경이 신비스러운 역동을 내포하고 있어, 하느님 말씀을 더욱 깊은 수준에서 이해하도록 경청하는 사람을 이끌어 준다는 것을 전제한다. 이들은 문자적, 도덕적, 유의적(喩意的, allegorical), 일치적(一致的, unitive)이다. 현대 주석학자들은 일차적으로 성경의 문자적 의미에 초점을 맞추어, 말씀을 해석하는 방법을 이해하기 위해서 말씀의 문헌적 의미와 문화적 배경을 알아보려고 한다. 이러한 연구는 성경 작가를 통하여 하느님이 무엇을 말씀하시고자 했는가를 찾아내는 데 가치가 있다. 그러나 거룩한 독서의 목적은 이것이 아니다. 수도승들은 거룩한 독서를 정보를 얻기 위해서가 아니라 내적 통찰을 얻고자 하는 것으로 이해했다. 이는 무엇을 배우려는 것이 아니고 그리스도를 만나려는 것이었다. 그것을 통하여 그리스도와의 우정이 발전해 갔다.

인쇄술이 발명되기 전에는 성경 필사본이 적었다. 수도승들은 성경 중 하나의 책, 예를 들어 이사야서나 복음서를 일 년 동안 읽곤 했다. 그들은 시편을 암기하여 언제나 성경을 여러 장 외울 수 있었다. 그들이 거룩한 독서를 할 때는 다소 특수한 경우였다. 성경을 읽다가(사실은 암송하다가) 어느 구절이 마음에 와 닿으면 읽기를 중단하고 그 내용을 묵상하면서 좋은 열매를 맺게 해 달라고 하느님께 청하며 기도를 드렸다. 그들은 논리적 묵상에서 정감적 기도 혹은 의지의 열망으로 넘어가서는 그 열망(능동적 기도어—옮긴이 주)을 수없이 반복하고, 마침내 하느님 안에 쉬는 체험을 했다. 이것이 거룩한 독서, 모든 과정의 목표였다. 어떤 수도자는 한두 가지 단어로 대부분의 시간을 보내고 하느님의 현존 안에 머물기도 했다. 수도원의 모든 환경은 온전히 성경 속에 파묻혀 있었기에, 이렇게 관상으로 옮겨 가는 것을 권했다. 언제나 하느님의 말씀 속에서 살고 있다면 평정의 상태로 다시 자극을 받기 위해서나, 그 상태로 다시 되돌아가기 위해 여러 장의 성경을 읽을 필요가 없었다. 수도자들은 그들만의 분위기와 생활 구조 때문에 하느님의 현존에 머물러 있었다.

거룩한 독서는 단지 정신적이고 순수한 영적인 활동만은 아니었다. 중세 수도승들은 말씀을 중얼거림으로써 그들의 신체도 대화에 참여했다. 그들은 또한 말씀을 아주 천천히 읽는데, 때로는 전 과정을 소화하는 데 두어 시간이 걸리기도 했다. 현대를 사는 우리는 거룩한 독서에 아주 무감각해졌는데, 그 이유는 신문이나 잡지를 읽는 것처럼 속독速讀에 익숙해져 있기 때문이다. 우리는 마치 끝내야 할 또 하나의 책을 읽듯 성경을 대하는 경향이 있다. 거룩한 독서는 이와 정반대이다. 그것은 내용을 음미해 가면서 여유 있게 하느님의 계시에 잠기는 것이다.

이 독서 과정의 아주 훌륭한 점은 하느님의 이끄심에 대하여 여러 가지 응답을 경험하면서, 기도 중에 예수님과 한 수준의 관계에서 다음 수준의 단계로 옮아갈 수 있다는 것이다. 그리고 예수님과의 우정이 점차 깊어지면서, '성경의 네 가지 의미'가 삶 속에 역동적으로 전개되기 시작한다. 하느님의 말씀은 우리 안에 있다. 그 말씀은 우리 안에 하나의 동상처럼 머물러 있는 것이 아니라 활동하고 있다.

어떻게 이러한 역사役事가 이루어지는가? 성경의 첫 번째 문자적 의미는 역사적 메시지이며 예수님이 보여 주신 표본이다. 그러나 우리가 거룩한 독서를 통해 복음 속에 들어가면, 우리는 자신의 삶 속에서 그 말씀을 실천하기 시작한다. 아우구스티노 성인은 성경을 얼마나 읽느냐보다는 말씀을 행동에 옮김으로써 성경을 더욱 잘 이해하게 된다고 했다. 우리가 실천에 옮기면서 복음을 살기 시작하면 도덕적 의미에 도달한다. 예수님의 메시지는, 문헌적인 연구가 매우 가치 있기는 하지만, 말씀의 문헌적인 의미에 대하여 읽고 사색하는 것보다 그 말씀을 실천함으로써 더욱 온전하게 이해하게 된다.

일정 기간 동안 도덕적인 의미를 체험하고 난 다음에 새로운 깨우침이 드러나기 시작한다. 우리가 말씀을 읽고 예수님이 제자들과 친구들을 새로운 수준의 믿음으로 이끌어 가는 성경 속의 사건들을 내면화하면서, 우리는 성경의 도덕적인 의미를 넘어 유의적인 의미로 나아간다. 서서히 복음이 우리에 관한 것이라는 깨달음이 솟아오르고, 페이지마다 우리의 삶이 반영되어 있음을 알게 된다. 지금 은총에 의해, 성령의 신비 속에서 우리가 직면하는 하느님 체험은 당시 예수님과 접촉하고 그분의 활동을 경험한 사람들에게 실제로 일어났던 체험이다. 이와 같이 비추어 보는 의미는 신약만이 아닌, 구약에도 똑같이 적용된다.

내가 로드아일랜드 주에 있는 밸리 폴스Valley Falls에서 수련 기간을 끝냈을 때 고해 사제는 "구약 성경을 전부 읽어야겠군요."라고 말해 주었다. 그 당시 나는 십자가의 성 요한에 더 많은 흥미가 있었지만, 순명하는 수도자로서 "그렇게 하겠습니다."라고 대답하고는 창세기를 무거운 마음으로 읽기 시작했다. 그러나 과히 나쁘지 않았다. 거기에는 아주 좋은 이야기들이 있었다. 그리고 탈출기를 집어 들었다. "이것을 한 마디 한 마디 새겨 가며 읽어야 하나?" 하고 자신에게 물었다. 아무튼 읽기 시작했는데 갑자기, 말하자면 신비스러운 빛이 페이지 뒤편에서 나타났다. 말씀이 나를 향해 튀어나오기 시작하자 나는 몹시 흥분했다. 그래서 이렇게 중얼거렸다. "이 책은 내 인생을 말하고 있어. 누가 이 책을 썼든지 그는 나를 담당하는 정신과 의사가 틀림없어." 나는 거기에서 어떻게 이스라엘 백성이 자신들의 지도자에게 불평하고 있는가를 읽었다. 그것은 바로 내가 그 당시에 하고 있던 것이었다. 그들은 홍해를 건넜고 죄의 노예가 되어 버린 상태에서 안간힘을 쓰고 있었는데, 이는 바로 나의 회두 이야기 같았다. 몇 마디 말씀만으로도 내게 그 의미와 이해에 있어 거대한 전망을 갖게 해 준 그 책은 그 동안 읽었던 책 중에서 가장 흥분되는 책이었다.

그것이 유의적 의미가 당신에게 주는 것이다. 그것은 당신의 개인적인 영적 여정을 구원의 역사를 기록한 구약 성경의 어떤 사건들―노아의 홍수, 홍해를 건너감, 요르단 강을 건너감 등―과 동시하게 해 준다. 이러한 성경의 고전적 사건들은 성사聖事 속에서 구할 수 있으며 기도를 통하여 접근할 수 있다. 구원의 역사는 지금 우리 안에서 일하는 은총과 같다. 그것은 구약 성경 안에 나타나고 있고 장차 오실 그리스도에 힘입어 하느님의 백성을 구원하는 것이다. 충만한 은총이 복음서에 나타나 있으며 그 은총의 열매는 교회의 성사 안에 보배로이 간직되어 있다. 유의적 수준에서, 우리는 지금 전례 중에 독서를 통하여 그리스도의 목소리를 들으며, 거룩한 독서로 그 맛을 보고, 자신의 삶에서 일어나는 사건을 통해 알아보게 된다. 이전과 마찬가지로 지금도 같은 은총이 작용하는 것이다. 이를 체험하기 시작하면, 아주 다른 각도로 성경을 경청하게 된다. 성경은 이제 더는 역사적 문서가 아니라 당신 자신의 영적 여정의 경험에 관한 이야기가 된다.

성경의 네 번째 수준은 일치적 수준이다. 이것은 하느님의 말씀에 아주 깊이 잠길 때 나타나며, 이 경우 계시가 계속되는 것처럼 당신에게서 그 말씀이 나온다. 요한 카시아누스는, 당신이 마치 시편을 쓰고 있는 사람처럼 시편을 노래하는 경우가 성경을 일치적으로 이해하고 있다는 하나의 표시라고 했다. 당신은 그 말씀에 동화되고 말씀은 당신에게 동화된 것이다.

성경의 유의적 의미에 대하여 다른 측면을 말하고 지나가야겠다. 이것은 바로 무의식을 덜어 내는 과정, 혹은 정화의 과정이다. 정화는 우리 인격의 어두운 면을 직면할 때 일어나는데, 이는 성경의 내용과 자신을 생생하게 동일시하는 결과로 하느님에 대한 신뢰와 정직함이 발달되기 때문이다. 우리는 성경적 사막을 경험하기 시작한다. 성경적 사막은 어떠한 장소가 아니라, 이스라엘 백성이 사막을 지나간 사건이나 그와 유사한 성경 내용이 외적으로 상징된 것과 마찬가지로 우리가 내적으로 경험하는 어떤 상태를 가리킨다.

성경의 유의적 수준의 의미는 우리의 무의식에 있는 폐물을 덜어 내는 과정을 포함한다. 여기서 폐물이란 우리가 잉태된 후부터 지금까지 겪은 정서적 손상을 말한다. 일단 관상 기도의 도움을 받아 일상적인 심리적 인식 수준의 껍질이 깨어져도, 우리는 아직 모든 정서적 쓰레기가 자발적으로 비워지는 과정을 거쳐야 하거나 견뎌 내야 한다. 하느님과의 일치 체험이 온전히 이루어지기 전에, 지나친 요구와 숨겨진 동기를 지닌 거짓 자아 대신 참자아가 행동 동기를 유발하기에 앞서, 우리는 먼저 이들을 비워 내야 한다.

성경의 네 가지 의미가 나선형으로 움직이는 것을 살펴보자. 이는 원을 그저 빙빙 돌아가는 것이 아니다. 거룩한 독서 중에서 같은 말씀으로 돌아갈 때 그것은 새로운 의미를 지닌다. 삶 속에서 성경의 네 가지 수준의 의미가 점차로 내면화해 가면, 같은 말씀으로 다시 돌아가더라도 더 높은(혹은 더욱 깊은) 수준으로 이해하게 되는 것이다. 이렇게 나선형으로 움직이는 것은 관상적 삶의 모든 측면이 발전해 가는 방식이다. 이것은 로켓처럼 수직으로 곧바로 올라가지 않는다. 같은 옛 관습으로 계속 돌아온다고 해도 똑같지는 않다. 그 이유는 삶이 외부적으로는 아무런 변화가 없는 것처럼 보여도 당신이 변하기 때문이다. 이것은 바로 그리스도께서 "들을 귀가 있는 사람은 들어라." 하고 말씀하실 때 우리를 초대하신 것과도 같다. 이 말씀은 우리가 더욱 깊은 수준에서 경청할 때 더욱 잘 듣게 된다는 뜻이다.

예루살렘으로 올라가는 길에 예수님이 제자들에게 당신의 고난과 부활에 대하여 말씀하시려고 했을 때 그들이 전혀 알아듣지 못했던 것을 기억하는가? 마르코는 "그들의 마음은 완전히 백지 상태였다."고 말했다. 그들은 그 말씀을 듣고 싶어 하지 않았고 들을 수도 없었다. 우리가 하느님의 말씀을 들을 때 겪게 되는 가장 큰 장애는 스스로를 자신의 거짓 자아와 동일시한다는 것이다. 그 거짓 자아는 습관적인 기대와 요구, '마땅히 어떠해야 한다'는 고정 관념을 지니고 있으며, 이것들은 쉽게 사라지지 않는다. 우리가 의식적으로는 자신을 하느님께 투신한다고 하면서도, 유의적 수준에 도달하기 전에는 무의식의 치유가 일어나지 않는다. 관상 기도는 우리의 귀를 열어서 하느님의 말씀을 듣도록 하는 발전 과정을 촉진하는데, 이는 자신의 생각이나 프로그램, 계획에 대한 집착을 버리게 해 주기 때문이다. 그러면 우리는 어떠한 훈련을 통하지 않고도 그 경지에 도달할 수 있는가? 그렇다고 생각하지 않는다. 그러나 금욕주의는 그 본질상 감정적인 프로그램과 병적인 측면을 심화시킬 뿐이다. 진정한 금욕주의는 우리의 무의식적인 동기 부여를 배경으로 이루어져야 한다.

관상 기도는 경청 과정을 깊어지게 하는데, 이는 두 가지 경험에 의해 일어난다. 하나는 우리 내면의 가장 깊은 곳에서 자기 존재에 대한 확신을 갖게 한다. 이는 마음의 평화와 영적인 위로에서 오는 것으로, 우리의 인생을 통째로 하느님께 의탁할 수 있게 한다. 이 말은 하느님이 우리의 인생을 모르고 계신다는 뜻이 아니다. 다만 그분은 비밀스럽게 우리가 그렇게 하도록 만드신다. 하느님에 대한 신뢰 없이는 우리 성격의 어두운 면, 아주 복잡한 행동 동기, 비참할 정도로 우리가 이기적이라는 사실을 인정할 수 없다. 깊은 기도는 하느님에 대한 우리의 신뢰를 향상시켜 주어서 우리로 하여금 어떠한 것도 인정하게 하고, 자신의 어두운 면을 인정한다고 해서 파멸까지는 이르지 않게 한다. 그러한 신뢰가 없으면 우리는 심리적 방어 기제를 계속 가지고 있게 된다. 우리는 그것들이 온전히 드러나지 못하도록 감추려고 한다. 마치 아담과 하와처럼 숲속에 숨는 것과 같다. 반면, 자신의 어두운 면을 받아들이면 그것들은 제거된다. 우리가 그것을 인정하면 하느님은 그것을 치워 버리신다. 관상 기도 과정은 우리의 무의식에 있는 것들을 풀어 주는 하나의 방법이다. 우리의 육체가 배설해야 하듯이 정신도 배설해야 하는데, 이는 관상 기도로 깊이 쉬는 결과로 이루어진다.

하느님 말씀의 역동이 어떻게 이루어지는가? 이스라엘 백성이 홍해를 건너간 사실을 예로 들어 보자. 문자적으로 보면 이집트 사람들이 이스라엘 백성이 도망가도록 허락한 후에 다시 철회했던 역사적 사건이다. 이스라엘 백성은 홍해라는 늪지대를 건너갔다. 그들을 쫓던 이집트 사람들은 물이 그들 위를 덮쳤을 때 모두 물에 빠졌다. 이스라엘 백성은 도망쳐서 건너편 언덕에 다다른 후 노래를 불렀다. 그리고 약속된 땅으로 가는 동안 광야에서 40년을 보냈다.

우리가 죄악의 폭군으로 비유되는 이집트를 받아들이지 않으려고 할 때 도덕적 의미가 생긴다. 그리고 사막을, 즉 정화, 하느님을 기다림, 사막의 유혹에 부딪쳐서 인간 본성으로 반항하는 것과 같은 사실들을 내면에서 체험할 때 유의적 의미가 떠오른다. 마지막으로 일치적 의미는 평화와 신적인 일치의 상징인 약속의 땅에 도착했을 때 겪는 체험이다. '쉼rest'이라는 말이나 라틴어의 'quies'는 그리스도교 전통에서 고전적인 의미를 갖는다. "무거운 짐 진 자들은 모두 나에게 오너라. 내가 편히 쉬게 하리라." 이 말씀은 우리를 향한 그리스도의 그 유명한 초대이다. 심신의 휴식도 아주 중요한 가치가 있다. 그러나 죄스러운 습관과 강박적 행동의 폭군에서 해방될 때 더욱 깊은 휴식이 따른다. 그보다 더 깊은 휴식은 죄악의 뿌리에서 해방될 때 찾아온다. 그러면 자신의 정서는 거짓 자아가 시키는 일에 더 이상 관심을 두지 않고, 복음의 가치가 불러일으키는 반향에 관심을 두는 한편, 덕을 실천하는 일과 성격의 어두운 면으로부터 자유로워진 것 안에서 기쁨을 맛보게 된다. 마지막으로 가장 커다란 휴식은 완전한 사랑의 휴식이다. 이 사랑 안에서는 가장 활발한 활동 중에도 휴식할 수 있다. 그 이유는 집착이나 좌절로 생기는 에너지의 낭비가 없기 때문이다. 무의식 속에 숨어 있는, 좌절하게 만드는 행복을 위한 정서적 프로그램이 없을 때, 우리는 온전히 하느님의 뜻이 동기가 되어 활동할 수 있다. 그러므로 가장 깊은 휴식은 사랑에서 온다.

우리가 새로운 수준의 믿음으로 옮겨갈 때마다, 처음에는 분열과 비탄과 혼동과 암흑을 경험한다. 영적인 여정에 관하여 미리 경고를 받지 않는다면, 이러한 경우에는 마치 무엇이 잘못되었다는 느낌을 갖게 한다. "내가 잘 모르는 죄를 짓지는 않았는가?" 와 같이 말이다. 그러나 우리가 현재 이해하는 수준—자신에 대한, 다른 사람들에 대한, 하느님에 대한 우리의 태도—을 놓고 봤을 때, 우리의 삶이 더 이상 그 수준에서 원활히 작용하지 않음을 경험하는 것은 지극히 정상이다. 이때 우리는 사실 더욱 깊은 수준으로 가도록 도전과 압력을 받은 것이다.

과도기 단계에서는 언제나 고통스러운데, 그 이유는 우리가 오직 현재 위치만을 알고 있을 뿐이며, 특히 여정의 초기 단계에서는 무지의 세계로 옮겨 갈 준비가 되어 있지 않기 때문이다. 우리가 알고 있는 것은 알지 못하는 것보다 언제나 더 좋다. 우리는 창조적인 변화의 순간이 왔을 때 저항하게 된다.

그러면 무엇이 한 수준에서 다른 수준으로 옮겨 가게 하는가? 그것이 문제다. 그것은 우리가 하는 그 무엇인가? 거룩한 독서 방법에 따르면, 우리는 그저 성경을 계속 읽기만 하면 된다. 계속 경청하다 보면 신뢰가 자라고 어떤 인간관계에서와 같이 사랑이 자라난다. 성경을 쓰게 만드신 성령이 우리 안에 계시면서 그 성경이 우리에게 무엇을 말하고자 하는지 깨우쳐 주신다. 그 말씀은 결국 우리의 가장 깊은 존재에 도달하게 된다. 가장 외적인 것에서 시작하여 가장 내적인 방향으로 작용하면서 우리 안에 머무르시는 하느님의 현존을 일깨워 준다. 우리가 성경의 일치적인 의미를 이해하게 될 때, 외적으로 경청한 말씀은 우리가 이미 알고 경험한 것을 확인시켜 준다.

거룩한 독서의 이러한 역학 안에서 관상 기도가 중요한 역할을 하고 있음을 알 수 있다. 수도원에서 하는 고전적인 수련에서 거룩한 독서의 한 기간 중에 일어나는 기도의 나선형 움직임―말씀에 대한 논리적 묵상에서 정감적 응답으로, 관상 안에서의 쉼으로 옮겨 가는―은 성경의 네 가지 의미를 통하여 가는 더 큰 움직임 안에서 신비스러운 "구동축駒動軸" 역할을 한다. 특히 무의식의 정화와 일치 상태를 경험하는 유의적 수준과 일치적 수준으로 향하게 해 준다. 거룩한 독서가 정상적으로 발전할 때 우리는 여러 가지 기도의 단계를 지나가게 된다. 그에 대해 전혀 생각하지 않으면서, 스스로 영적인 여정의 어느 단계에 와 있는지 관심조차 갖지 않으면서 말이다. 종교 개혁 때 '정신 기도mental prayer'라는 말이 생겨나면서 이러한 단계에 대하여 강박적으로 관심을 두게 되었다. '정신 기도'라는 말은 16세기 이전 문헌에는 나타나 있지 않다.

영적인 움직임을 다루는 역사적 과정에서 사람들은 무엇이든지 범주화範疇化하는 경향에 사로잡혔다. 학구적 풍토가 조성되고 있던 중세 후기의 특징인 분석하는 경향으로 말미암아 영적 여정의 자발성이 상실되었다. 더군다나 거룩한 독서의 마지막 부분인 하느님 안에서 쉼—그것이야말로 모든 이전의 단계를 거치는 목적이었는데도—은 아주 빼 버렸다. 그들은 몇 년이고 영적 독서를 하고 논리적 묵상을 하도록 되어 있었는데, 아마도 아주 오래 살았거나 임종을 앞두고서야 관상 체험을 했으면 하고 바랐을지도 모른다. 그렇지만 실제로 아무도 기대하지 않았으므로, 그것에 대해 준비하는 단계를 밟지도 않았다. 그 결과, 관상은 봉쇄 수도원 같은 곳에서나 하는 기도의 일종으로 간주되었다. 하지만 사실 그곳에서도 보편화되어 있지는 않았다. 거룩한 독서와 관상을 이어 주는 필연적인 결속이 깨지고 말았던 것이다.

　이러한 결속을 다시 찾아야 한다. 이 두 가지 수련은 그리스도교 전통에서 이전에는 하나로서 성장해 왔고 구조적으로 서로 풍요롭게 해 주었다. 거룩한 독서가 관상으로 옮겨 가서 하느님 안에 쉬는 경험을 하면, 무의식의 내용이 의식으로 올라오면서 치유가 된다. 이는 다시 우리 존재의 더욱 깊은 수준에서 복음을 경청하고 응답할 수 있는 길을 열어 준다.

## 8장
## 묵주 기도

묵주 기도는 중세 초기부터 있었다. 당시에는 책도 별로 없었고, 주일에 교회에 가도 복음을 라틴어로 선포하여 일반인들은 알아듣지도 못할 때여서 묵주 기도가 생긴 것은 획기적인 일이었다. 일반인에게는 성경을 접할 기회조차 없었다. 묵주 기도는 예수님이 가르쳐 주신 '주님의 기도'와 성경 구절로 이루어진 '성모송'을 반복하여, 평신도가 쉽게 외울 수 있는 단순한 소리기도 형태로 만들어졌다. 실제로 묵주 기도는 평신도의 성무 기도가 되었다. 수용적인 기도인 향심 기도와 달리, 묵주 기도는 주의 집중적인 기도가 분명하다. 그러나 어떤 이들에게는 이것이 점차 관상기도로 이끌어 가는 방법이 되었다.

내가 알기로, 묵주 기도에는 전통적으로 세 가지 방법이 있다. 두세 가지를 한데 묶을 수도 있다. 기본적인 방법은 목소리로 하는 기도, 즉 '주님의 기도'와 '성모송'을 묵주 알 묶음에 따라—큰 묵주 알에서는 '주님의 기도'를, 열 개의 작은 묵주 알에서는 열 번의 '성모송'을—외우는 것이다. 이렇게 '주님의 기도' 한 번, '성모송' 열 번, 그에 따라 '영광송' 한 번을 묶은 것을 한 단이라 부른다.

단순한 소리기도에 커다란 신앙의 신비에 대한 묵상이 첨가되면서, 묵주 기도의 헌신의 발달에 큰 진보가 일어났다. 15개의 각 단은 전례에서 기념하는 예수님과 성모님의 큰 축제와 연결되었다. 천사의 아룀, 마리아의 엘리사벳 방문, 예수님의 출생, 예수님을 성전에 바침, 예수님을 성전에서 찾음 등은 열다섯 신비 중에서 처음 다섯 단으로 바쳤다('신비'라는 단어는 그 사건에 따르는 은총을 말하는데, 이는 그 사건에 하느님이 현존하시면서 그 사건을 통하여 보여 주셨다는 믿음을 말한다). 그러므로 묵주 기도는 진정으로 전례의 요약이 되었다. 열다섯 단을 하루나 일주일 사이에 바치는 사람은 교육이나 라틴어 지식의 부족 때문에 다른 방법으로는 알 수 없었던 성경의 모든 부분과 접촉할 수 있는 기회를 얻게 되었다. 묵주 기도를 바치는 두 번째 수련으로, 사람들은 목소리 기도에 이러한 커다란 신비에 대한 자신들의 묵상을 더함으로써 그들의 신앙을 더욱 깊게 만들었다. 세 번째 묵주 기도 방법은 그저 하느님이나 성모님, 혹은 그 신비들 가운데 하나의 현존 안에 쉬는 것이다.

매일 하는 헌신으로서 묵주 기도의 한 부분을, 말하자면 5단을 바치는 것을 수련한다고 치자. 이는 당신을 어디로 이끌어 갈 것인가? 바로 깊어지는 그리스도와의 우정이다. 기도를 시작할 때, 당신은 하느님의 현존에 대한 믿음의 행위를 한 것이며 세례 때의 은총과 다시 연결되는 것이다. 성부와 성자와 성령의 삼위는 세례 때 우리의 가장 깊은 존재 안에 들어오시며, 아주 심각하고 고의적인 죄를 지어 그 현존을 거부하지 않는 한, 하느님은 거기에 계속 머물러 계신다.

 삶의 어느 시점에서 우리는 세례 때 이루어진 것(거룩한 생명과 거룩한 빛 등 하느님의 은총과 성령이 우리 존재의 깊은 곳에 부어짐―옮긴이 주)을 다시 확인하여 자신의 것으로 만들어야 한다. 그렇지 않으면 완전한 열매를 맺는 데 제한을 받게 될 것이다. 무언가를 우리의 것으로 만드는 유일한 길은, 그것에 대한 책임을 지는 것이다. 책임을 진다는 것은, 사색하고 선택하는 것을 의미한다. 아무튼 세례로 우리는 그리스도의 신비체에서 하나의 세포가 되었다. 살아 계시고 영광을 받으신 그리스도 예수님 안에 계신 성령과 똑같은 성령이 우리 안에 계시어, 우리도 시간의 연장 안에서 그리스도의 몸의 살아 있는 일부가 되었다. 그리스도의 살아 있는 신비체는 복음 선포, 성찬 기도, 특히 성체성사(거룩한 통공Holy Communion)를 통하여 그리스도교 공동체 안에 나타난다. 여기에서 '거룩한 대화'라 하지 않고 '거룩한 통공'이라고 한 것에 주목하자. 이것은 그리스도의 현존을 직관적으로 느끼는 것이며, 여기에 대해서는 어떠한 말도 필요 없이 그분이 우리에게 주시는 진리와 사랑에 그저 동의하면서 그분의 현존에 단순히 기뻐하는 것이다. 그리스도는 성부의 영원한 말씀으로서 언제나 그의 거룩한 본성으로 우리 안에 현존하신다. 거룩한 통공(성체를 받아 모심)은 세례로 시작되고 견진성사로 깊어지는 그리스도의 현존을 지속하는 방향으로 우리를 다시 일깨워 주는 것을 뜻한다. 그리고 개인 기도와 성체를 자주 받아 모심으로써 훨씬 깊어지는 것을 의미한다. 그리스도교 신앙의 근본은 그리스도와의 관계가 성장하는 것이다. 그 관계는 우리 존재의 모든 수준에 도달하게 하고 끊임없이 깊이를 더해 주는 관계이다. 우리의 육신과 마음 혹은 상상, 그리고 가슴뿐만 아니라 말씀이 침묵 속에 반향하고 하느님과의 일치가 이루어지는 그곳, 즉 내면의 가장 깊은 수준까지 전달된다. 우리가 그곳에서 하느님의 말씀을 들으면 마침내 복음의 메시지를 전부 듣는 것이다.

내가 보기에 묵주 기도는 앞에서 길게 이야기한 거룩한 독서와 같은 방법으로 그러한 목적을 이루게 해 준다. 거룩한 독서에 대해서는 앞서 이미 길게 설명했다. 같은 원칙들이 여기에도 적용된다. 우리가 그리스도와의 우정을 발전시키는 길은 그분의 삶의 신비를 묵상하는 방법을 통해서 가능하다. 묵주 기도는 성경을 전부 읽지 않고도 그 신비들을 묵상하는 데 도움이 되도록 만들어졌다.

알다시피 비교적 최근에 이르기까지 사람들은 성경을 쉽게 접할 수 없었다. 아주 간단한 방법으로, 매일 사람들은 그 기도를 바치면서 열다섯 가지 신비를 묵상했다. 그래서 성경의 분위기에 젖어들고, 일상생활을 이러한 그리스도교적인 영감의 원천과 관계시킬 힘을 얻었다. 그리하여 일하러 가거나 집안일을 할 때 묵주를 가지고 다니면서 수시로 한 단이나 그 이상 기도하곤 했다. 요즘 사람들이 버스를 타거나 기다리면서 때때로 묵주 기도를 바치는 것처럼 말이다.

묵주는 물론 앉은 자리에서 다 해야 하는 것은 아니다. 한 번에 몇 단을 해야 한다는 등의 의무도 없다. 그러나 묵주 기도를 기본적인 헌신으로 바치려면, 집중적으로 임할 수 있도록 정해진 시간에 규칙적으로 하는 것이 좋다. 그러면 이 기도를 우리가 그리스도와 나누는 대화의 기초로 삼을 수 있다. 매일 하지는 않더라도 정기적으로 만나는 것이 하느님은 물론, 그 누구와도 친분을 맺는 데 있어 핵심적인 수련법이다.

거룩한 독서와 마찬가지로 거기에는 묵상에서부터 하느님 안에서 단순하게 쉬는 것으로 옮겨 가는 본질적인 움직임이 있다. 당신이 매일 30분 동안 묵주 기도를 한다고 치자. 신비에 대하여 묵상한다면 성모님의 현존 안에 가만히 있고 싶은 내적 이끌림과 함께, 그분의 현존이 주는 단맛이 당신의 내적인 영으로 스며드는 것을 느낄 것이다. 당신 안에 성모님이 가까이 계심을 느끼는 동시에 하느님의 현존에 가까워지는 느낌 또한 받을 것이다. 이것이 '하느님 안에서 쉼' 이다. 당신이 가만히 있고 싶다는 이끌림을 느낄 때 소리기도와 묵상을 넘어 그 이상으로 움직이는 것이 관상으로 가는 길이다. 이때가 당신이 소리기도를 자유롭게 중단하고 고요에 대한 이끌림을 따라가야 하는 순간이다. 왜냐하면, 소리기도나 논리적 묵상은 둘 다 당신을 은밀하고 거룩한 장소로 이끌어가기 위해 만들어졌기 때문이다. 그런데 많은 사람들이 이것을 이해하지 못하고 몇 단 혹은 몇 번의 기도로 끝내야 한다고 생각한다. 이것은 묵주 기도의 목적이 아니다.

당신이 친구나 사랑하는 사람과 친교를 나눌 때 대화는 자발적이어야 하며, 서로의 현존 안에 쉬고 싶을 때는 그저 조용히 있어야 한다. 상대방이 무슨 말을 하거나 당신이 무슨 말을 하고 싶어지면, 그 수준의 의사소통은 깨지고 대화로 돌아가게 된다. 그처럼 하느님 안에 쉼의 느낌이 지나가고 나면 당신은 묵주 기도를 바치던 자리로 되돌아갈 수 있다. 그러나 당신이 기도로 돌아갈 시간이 없다 해도 괜찮다. 무언가를 끝내야 하는 의무는 없다. 소리기도의 어떤 숫자를 채우려는 강박관념이 사실은 관상 기도의 자발성을 방해한다. 우리가 묵상하고 침묵 속에서 의사소통하는 관계 안에서 성령의 움직임을 따라가려면 내적 자유가 필요하다.

이 자유는 기분을 전환시킨다.

  나는 그러한 방법으로 묵주 기도를 바치도록 자발적으로 배운 많은 사람들을 알고 있다. 우리는 사람들이 그러한 방법으로 기도하도록 가르쳐야 한다. 많은 사람들이 자신들의 의도에도 불구하고 혹은 우연하게 고요함으로 이끌리는데, 그들은 정해진 기도를 끝내지 못하는 것에 죄의식을 느낀다. 성령께서는 그들을 조용한 곳으로 인도하시지만, 그들은 스스로의 선입견 때문에 고요로 오라는 성령의 부르심에 때때로 자신도 모르게 저항한다. 옛날에는 사람들이 죄를 용서받기 위해 묵주 기도를 몇 단씩 바치곤 했다. 이러한 수련은 요즈음 사라져 가는데, 그러한 기도가 어떤 가치가 있다 해도 관상으로 우리를 이끄시는 성령의 움직임을 방해하는 것이 용납되어서는 안 된다. 그러한 쉼 안에서 우리는 내면의 가장 깊은 곳에서 하느님의 말씀을 듣고, 예수 그리스도를 닮아 가며, 바오로 성인이 "그리스도의 마음"(1코린 2,16)이라고 부른 것에 잠기기 시작한다. 이 "그리스도의 마음"은 성령의 열매나 참행복을 경험하는 것으로 요약될 수 있다. 성령의 열매가 우리의 삶으로 들어오면, 진정으로 충만한 그리스도인의 삶을 경험하게 된다. 그러면 기도는 우리의 일상을 계속 활동적으로 만들어 주고, 사도직이나 사목 활동—나는 가족의 삶과 육아를 그리스도인의 생활에서 가장 큰 사목으로 간주한다—은 더욱 효율적으로 바뀔 것이다. 묵주 기도의 근본 목적은 예수님과 함께 성령을 우리 안에 불어넣어 주시는 성모님의 이러한 깊은 경험으로 우리를 이끄는 것이다. 기도의 양은 중요하지 않다. 그 질이 중요하다. 믿음과 사랑의 발전은 묵주 기도의 신비를 묵상하고, 특히 그 안에서 쉼으로써 맺히는 열매이다.

매사추세츠 주 스펜서에 위치한 수도원의 한 평수사는 묵주 기도를 매우 사랑했다. 내가 수도원에 들어갔을 때인 1944년은 로드 아일랜드 주 밸리 폴스에 불이 나 수도원을 스펜서로 옮기기 직전이었다. 패트릭이라는 이름의 그 수사는 당시 소 젖 짜는 소임을 맡고 있었다. 그의 손가락과 손은 여러 해 동안 손으로 젖을 짜느라 아주 커져 있었다. 매일 젖 짜는 시간에는 고정적으로 소 밑에서 허리를 굽히고 앉아 있었다. 그는 묵주 기도에 대해 매우 헌신적이어서 언제나 기도했다. 실제로 그는 그 기도를 중단해 본 적이 없다. 그의 임종 직전 사진을 보면, 입술이 살짝 벌어져 있다. 그 순간에도 묵주 기도를 하고 있었던 것이다. 그에게 묵주 기도는 하나의 내적인 받침이 되어서, 손으로 아주 단순한 일을 하면서도 자세를 갖추어 스스로 방해받지 않고 계속 기도할 수 있도록 했다. 그 받침 안에는 참다운 보배가 있었는데, 성모님에 대한 내적 헌신과 하느님과 관상적 일치가 바로 그것이다. 묵주 알들이 하느님과 일치를 이루는 데 받침이 된 사람들은, 어떤 활동 중에 있어도 그들의 관상이 언제나 묵주 알을 돌리는 것으로 방해받지 않는다. 오히려 이러한 반복이 그들의 내적 기도를 지탱해 주는 것 같다. 그렇지만 대부분의 사람들은 이러한 기도 상태에 이르기까지, 성령이 주시는 깊은 휴식에 완전히 들어가려면, 어떠한 다른 활동에서 자유로워져야 한다고 생각한다. 그렇지 않으면 반복은 자칫 기계적인 모습이 되기 쉽다.

패트릭 수사는 쉬지 않고 묵주 알을 돌리는 것으로 유명했다. 그는 어디서나 묵주를 가지고 다녔다. 우리는 기숙사의 좁은 칸막이 방 끝에 달린 조그마한 판자 위에서 자곤 했다. 판자 위에 깐 지푸라기 매트리스는 판자보다 더 단단했다. 어느 날, 모두 잠들었을 때 아주 심하게 부딪치는 소리가 났다. 지푸라기 매트리스가 깔린 패트릭 수사의 판자가 시멘트 바닥으로 떨어진 것이었다. 모두 놀라 침대에서 일어났다. 잠시 아주 깊은 침묵이 흘렀다. 그리고 이런 소리가 들려왔다. "은총이 가득하신 마리아님…."

그 어떤 상황에 놓여도 패트릭 수사의 첫 번째 반응은 기도였다. 늙어서 더 이상 일할 수 없게 되었을 때, 그는 수도원 의료실에서 살았다. 청력이 많이 떨어졌지만, 그는 묵주 기도의 모든 내용을 기억하려고 계속 반복하는 습관을 길렀다. 특히 주변에 아무도 없다고 여겨지면 묵주 기도를 소리 높여 반복하는 것을 좋아했다. 하지만 정작 자신은 그 소리를 들을 수가 없었다. 그래서 그는 같은 말마디를 여러 번 되풀이하곤 했다. "은총이 가득하신… 은총이 가득하신… 은총이 가득하신… 마리아님… 주님께서 함께 계시니… 함께 계시니… 함께 계시니…." 어느 날 의료실에 한 수련자가 소성당을 청소하려고 들어왔다. 패트릭 수사는 늘 그랬듯 큰 소리로 묵주 기도를 하고 있었다. 그런데 '여인 중에 복되시며….' 라는 부분에 왔을 때 습관처럼 "여인… 여인… 여인…." 하며 그 단어를 반복했다. 이 모습을 본 수련자는 충격을 받고 수도원장을 찾아 달려 나갔다. 그리곤 이렇게 외쳤다. "의료실에 있는 늙은 수사님이 심각한 유혹에 빠졌습니다! 그분이 생각할 수 있는 것이라곤 여인밖에 없어요!"

1950년 3월, 로드아일랜드 주 밸리 폴스의 수도원이 불에 타서 쓰러졌다. 패트릭 수사가 그 불길을 바라보는 사진이 있는데, 그의 손에는 역시나 묵주가 들려 있었다.

많은 사람들이 성령의 은총을 통하여 묵주 기도의 큰 힘을 이해해 왔고 기도 방법에 대해서도 배웠다. 그들에게 이것은 단순히 계속되는 기도일 뿐만 아니라 지속적인 관상 기도가 되었다. 기도할 때, 그들은 종종 다른 신비를 넘어 하느님 현존의 신비 안에서 쉬곤 하는데, 아주 깊은 휴식 안에 있어서 묵주 알을 돌리는 것과 입술을 움직이는 행동도 그들의 휴식을 방해하지 못했다. 하느님이 그들의 가슴속에 깊이 현존하시어 매 순간이 기도가 되었으므로 그들은 하던 것을 중단할 필요가 없었다. 나는 성모님이 그렇게 기도하셨을 거라고 생각한다. 그분은 전 존재로 기도하셨기 때문에, 기도에 대해 생각한다거나 기도하려고 애쓴다는 것 자체가 하나의 분심이었을 것이다. 그분은 바로 기도였다. 기도의 기본인 하느님과의 관계가 지극히 가까웠기에 기도에 대하여 생각하지 않을 때라도 그분이 하시는 것은 모두 기도가 되었다.

묵주 기도는 관상 기도로 가는 수단이다. 그렇기에 성모님은 지난 100~200년 동안 여러 번 발현하시면서 "제발 묵주 기도를 하라."고 계속 말씀하셨다. 관상 기도를 하는 사람의 편견일지도 모르지만, 아마도 그분의 뜻은 그냥 기도만 하는 것이 아니라 관상 기도가 되도록 하라는 것이 아닐까 싶다. 다른 말로 하면, "묵주 기도를 관상적으로 하라."는 것이다. 그러므로 그분이 일차적으로 요구하신 것은 관상 기도이다. 묵주 기도를 정기적으로 바치면 신비에 대한 우리의 이해가 깊어진다. 또한 우리로 하여금 신비를 넘어, 하느님 현존과의 일치가 여러 수준에서 내면에 열리는 관상 기도 상태에 이르게 한다. 향심 기도는 단지 그 방향으로 움직이는 또 다른 방법이다. 묵주 기도를 하는 사람들에게 관상 기도의 맛을 보여 주는 것도 유용할 것이다. 그리하여 주님의 기도와 성모송을 바칠 때 내적 고요로 부르시는 성령의 부르심을 알아보게 된다. 관상 기도의 순간들은 하느님 안에서 깊은 휴식과 연대를 가져다준다. 이러한 연대의 결과로, 우리는 혼합된 동기와 인격의 어두운 면을 대면하는 용기와 신뢰를 갖게 된다. 혼합된 동기와 이기심의 정화가 이제 시작될 수 있는데, 그 이유는 우리를 사랑하고 신뢰할 수 있는 분에게만 우리의 가장 깊은 상처를 인정할 수 있기 때문이다. 사랑만이 인간을 온전한 존재로 만드는 유일한 길이다. 만일 이것이 심하게 결핍되면, 우리는 방어 기제를 발달시키고 즐거움, 애정, 존중의 환상적인 상징에서 행복을 찾으려 한다. 또한 그 상황에서 당연히 발생되는 욕구불만이 정서적 매듭으로 우리 안에 자리 잡게 된다.

관상의 순간들과 익은 열매로 하느님은 우리에게 내면에서 변화가 필요한 부분을 조금씩 부드럽게 보여 주신다. 그러므로 관상적 휴식이 묵주 기도의 일부가 되면, 그것이 묵주 기도를 완성해 주고 그 커다란 약속을 충족시켜 주는 것이다. 묵주 기도의 신비 안에서 기도하는 사람은, 하느님이 어떻게 당신의 종들을 정화시키시는지를 본다. 우리는 "이것은 이렇게 되어야만 해." 하고 인정하게 된다. 그러면 우리도 자신의 정화에 스스로를 내줄 수 있다.

내가 묵주 기도의 사용에 적절하다고 강조한 원칙은 다른 그리스도인의 헌신, 즉 십자가의 길(아시시의 프란치스코 성인에 의해 처음 도입됨), 시편 낭송, 성무일도로 불리는 전례기도, 성체 조배, 성화 공경, 특히 거룩한 독서에도 적용된다.

# 세상 속의 향심 기도
CENTERING PRAYER IN THE WORLD

## 9장
# 그리스도교 관상 기도의 뿌리

제2차 바티칸 공의회의 유산은 가톨릭 영성의 일차적 원천인 복음과 성서신학으로 돌아오라는 부름이다. 교회의 교부들은 강론 중에 자주 관상적 관점에서, 그 당시 말로는 "영성적 감각 속에", 성경을 설명했다. 어느 부분은 유의적으로 해석할 때보다 영성적 감각으로 볼 때 더 많은 뜻을 내포하는 것으로 보았다. 이것은 오히려 하느님의 영감으로 쓰인 성경이 여러 수준의 의미를 드러내는 특성이 있다는 사실을 성찰하는 것이다. 성령께서는 지혜와 이해의 은사를 통하여 사람의 믿음을 강화함으로써 그리스도인들이 점차 더 깊이 알아듣게 해 주신다. 사람들은 정기적으로 기도를 더 열심히 하고 믿음이 성장하여 관상이 점점 깊은 관계로 발달해 갈 때, 성령의 여러 은사들이 온전하게 활성화된다고 믿어 왔다.

16세기 동안, 그리스도인에게 관상은 특별한 의미가 있었다. 그런데 근세에 와서 관상이라는 말이 이전과는 다른 의미와 함축된 뜻을 지니게 되었다.

그리스도교 영성에서 이 핵심적인 단어는 두 개의 분별되는 원천, 즉 성경과 그리스 철학에서 나왔다. 하느님에 대한 경험적 지식을 강조하고자 히브리어의 da'ath를 그리스 성경은 그노시스 gnosis로 번역했다. da'ath는 인간의 지력뿐만 아니라 전 인격으로 아는 지식을 뜻한다(예를 들면 시편 139,1-6). 바오로 성인도 하느님을 사랑하는 사람들에게 쓰일 하느님에 대한 지식을 적절히 나타낸 말로 그노시스를 사용했다. 그는 이것이 그리스도인의 삶의 완전한 발전에 필수적인 요소라 여기고, 자신의 제자들이 이를 갖추게 해 달라고 항상 기도했다(에페 3,14-21; 콜로 1,9).

그리스 교부들, 특히 알렉산드리아의 클레멘스나 오리게네스, 니사의 그레고리우스는 da'ath를 번역하려고 신플라톤학파에서 테오리아theoria라는 말을 따 사용했다. 이것은 원래 "진리에 대한 지적인 시각視覺"을 뜻한다. 그리스 학자들은 이를 인간의 최고 활동으로 간주했다. 이는 기술적인 용어이지만, 그노시스가 의미하는 경험적 사랑의 의미를 포함한다. 이러한 온전한 이해를 바탕으로 테오리아가 나중에 라틴어 콘템플라티오contemplatio로 번역되면서 그리스도교 전통으로 우리에게 전해졌다.

이러한 전통은 6세기 말에 대 그레고리우스 성인에 의해 정리되었다. 그는 관상을 "사랑으로 충만한 하느님에 대한 지식"이라고 설명했다. 대 그레고리오 성인에게 관상은 성경의 하느님 말씀에 대한 묵상의 열매인 동시에 하느님께서 주신 고귀한 선물이다. 그는 이것을 "하느님 안의 쉼"이라고 불렀다. 이러한 '쉼'의 상태에서는 처음에 찾던 '하느님을 맛봄'과 같은 체험을 마음과 가슴이 더 이상 찾지 않는다. 이 상태는 모든 활동이 정지된 상태가 아니라, 오히려 많은 활동과 생각이 하나의 활동과 생각으로 합쳐져서 기도 시간에 자신의 깊은 내면에서 하느님이 현존하시고 활동하시는 것에 동의하는 것과 같은 하나의 활동과 생각으로 집중되는 것이다.

하느님이 현존하신다는 친밀한 체험에 바탕을 둔 하느님에 대한 지식이라는 뜻으로 관상을 이해했던 것은 중세까지 계속되었다. 극기 고행(단식, 밤샘 기도, 오랜 고독, 자주 하는 침묵, 금욕적인 순종, 단순한 생활 방식 등)과 영적인 수련(논리적 묵상, 정감적 기도, 성화 공경, 시편 낭송, 노래 기도, 묵주 기도 등)에는 그리스도를 중심으로 하는 목표의 일부로서 언제나 관상을 포함하고 있었다.

거룩한 독서는 관상 기도를 계발시키는 데 가장 전통적인 방법이다. 거룩한 독서는 마치 하느님과 대화하면서 그분이 토론의 주제를 선택해 주시는 것처럼 성경 말씀을 경청하는 것으로 이루어졌다. 거룩한 독서의 방법을 따르는 사람들은 더욱 깊은 수준으로 집중하여 하느님 말씀을 듣는 능력을 기르는 것이다. 자발적인 기도는 그리스도와의 관계가 더욱 성장하는 데서 오는 정상적인 응답이며, 관상의 은총은 그것에 대하여 하느님께서 정상적으로 주시는 응답이다.

거룩한 독서에서 성경 말씀을 생각하는 사색 부분은 메디타티오 meditatio, 즉 논리적 묵상이라 한다. 이 사색에 따라 의지가 자발적으로 움직여서 응답하는 것을 오라티오 oratio, 즉 정감적 기도라고 한다. 사색들과 의지에 따른 특정한 활동이 단순화되면서 하느님 안에 쉬게 되는데 이것을 콘템플라티오 contemplatio, 즉 관상이라고 한다.[2]

이러한 세 가지 활동(논리적 묵상, 정감적 기도, 관상)은 한 기도 시간에 동시에 일어날 수 있다. 이들은 서로 얽혀 있다. 경우에 따라서 아주 중요한 면담을 나누는 것처럼 주님께 귀를 기울이면서 자신의 묵상이나 의지의 행동, 혹은 침묵으로 응답할 수도 있고 관상에 몰입할 수도 있다. 관상 기도 수련은 우리의 마음을 공백으로 만들려는 것이 아니라 논리적 사색이나 정감적 기도를 넘어 하느님과 통공을 이루려는 것으로, 이는 더욱 친밀한 교제를 하는 것이라고 볼 수 있다.

인간관계에서는 서로의 사랑이 깊어지면, 때로 두 사람이 아무

---

2) 자발적인 기도란 영적 혹은 정적인 상태에서 기도하려는 노력보다 자신의 내면에서 자연히 솟아오르는 기도를 말한다. 예를 들면 탄식하듯 "오, 주님! 마리아여! 오, 선하신 이여! 주여, 자비를 베푸소서!"와 같은 기도이다. ―옮긴이 주

런 말을 하지 않으면서도 자신의 심정을 전달하는 경우가 있다. 그들은 그저 앉아 침묵 속에서 체험을 나누기도 하고, 아무 말 없이 서로의 현존을 즐긴다. 그저 손을 잡고 있거나 가끔 한마디씩 하면서도 아주 깊은 의사소통을 유지할 수 있는 것이다.

이러한 사랑의 관계는 관상 기도 중에 진전되는 내적 침묵을 가리킨다. 관상 기도의 목표는 생각이나 대화를 없애려는 것이라기보다는 자신을 비우는 것이라고 할 수 있다. 관상 기도 중에 우리는 사색이나 의지의 활동을 반복하기를 멈춘다. 사랑에 뿌리를 두고 하느님의 현존을 인식하게 되는 특별한 지식이 생겨나면서, 자신의 현존에 대한 인식과 함께 고질적인 성찰을 바꾸어 간다. 하느님이 현존하시는 체험을 하면, 우리 자신이나 하느님과의 관계를 모든 것의 중심으로 삼는 우리의 버릇에서 해방된다. 신비가들이 '공허空虛다, 무無다.' 하는 말을 글자 그대로 받아들여서는 안 된다. 예수님은 인간이 되시면서 비움을 실천하셨다. 즉, 자신의 특권과 그에 따른 거룩한 위엄을 버리셨다. 무는 진공과 같은 상태를 의미하는 것이 아니라 자신의 활동에 집착하는 것을 떠나보낸다는 의미의 무를 뜻한다. 우리의 사색이나 의지의 활동은 그리스도를 알게 하는 데 필요한 전제 요소이지만, 우리는 그것들을 초월해서만 그리스도가 아버지께 드리는 기도—완전한 자아 포기(필리 2,5-10에서의 케노시스Kenosis, 곧 자기를 비움)로 특징되는—를 나눌 수 있게 된다.

만일 올바로 이해한다면, 관상 기도는 세례의 은총과 거룩한 독서를 정기적으로 행함으로써 정상적으로 발전한다. 그것은 우리의 마음과 가슴, 즉 우리의 전 존재를 생각이나 언어나 정서를 넘어서 하느님께 열어 드리는 것이다. 우리는 우리를 존재하게 해 주시는 하느님의 은총에 힘입어 우리의 인식을 그분께 열어 드린다. 하느님은 우리 안에, 우리의 호흡보다 더 가까이, 우리의 생각보다 더 가깝게, 우리의 선택보다 더 가까이, 우리의 의식보다 더 가까이 계심을 우리의 믿음으로 알고 계시는 분이다. 관상 기도는 내적인 변형 과정이며, 하느님이 시작하시고 우리의 동의 아래 그분과의 일치로 이끌어 가는 관계이다.

어떤 사람들은 관상을 유형적katophatic 관상과 무형적apophatic 관상으로 구분하며 이것들은 때로 '긍정의 길via positia'이나 '부정의 길via negatia'로 알려져 있다. 이렇게 서로 상반되는 것처럼 구별하는 것은 잘못이다. 유형적 관상은 오히려 관상을 준비하는 것이다. 이는 거룩한 상징에 정감적으로 반응하는 것이며, 믿음의 진실에 자신을 동화시키고 그리스도와의 개인적인 관계를 계발하고자 이성과 상상과 기억과 정서를 훈련된 방법으로 사용하는 것이다. 이러한 것에는 시각적 명상이나 성화 공경 등이 포함된다.

무형적 관상은 그 관계에서 더욱 진전된 단계이다. 이것은 단지 하느님의 현존에 대하여 일반적으로 사랑하는 마음에 집중하는 것 외에, 어떤 특별한 행동을 하는 것을 넘어 하느님 안에서 쉬는 것이다. 이 선물을 받은 사람에 따라서 다른 형태를 취할 수 있다. '관상'이라는 용어를 이러한 기도에 제한하여 적용하는 것이 도움이 될 것이다.

이러한 맥락에서 볼 때, 무형적 관상은 '도무지 알 수 없는 하느님에 대하여 생각하는 것'이라는 잘못된 오해를 수정하는 것이 매우 중요하다. 무형적 방법에서 말하는 '도무지 알 수 없음'은 '전혀 알 수 없는 하느님에 대하여 생각'하는 것을 뜻하지 않는다. 오히려 '전혀 생각조차 하지 않음'을 뜻한다. 즉, 우리의 일상적인 생각과 감정 같은 인간적인 기능을 넘어 단순히 하느님 안에서 쉬는 것이다. 그러나 현존하시는 하느님을 알아보기 위해서 다른 종류의 기능이 동원되는데, 이는 좀 더 섬세한 인식 수준에서 일어난다. 전통적인 그리스도교 가르침에서는 이러한 기능을 '영적인 감각'이라고 부른다.

무형적 관상에서 이성적인 지력으로 '알 수 없다'는 것은 동서 간의 대화에서 중요한 다리 역할을 한다. 이것은 우리로 하여금 경험의 공통적인 언어를 구사할 수 있게 하며, 이것 없이는 더 높은 수준의 의식[3]에 관하여 대화하는 것이 사실상 불가능하기 때문이다. 이는 또한 영적인 지혜를 찾아 동양으로 갔던 많은 그리스도인들을 집으로 돌아오게 하는데, 인간의 생각과 감정보다 더욱 깊은 수준에서 이루어지는 하느님 체험을 이해하는 그 무엇이 그리스도교 관상의 전통에 있다는 것을 듣고서 그들이 젊은 날의 신앙으로 되돌아올 수 있게 했다.

이제 한 걸음 더 나아가 관상적 전통에 대한 혼동과 논쟁을 일으키는 다른 문제점을 알아보아야 한다. 이는 아빌라의 성녀 데레사의 가르침에서 오는 것인데, 우리가 어떠한 관상의 상태를 받았다 해도 그리스도의 거룩한 인성에 대한 생각만은 결코 빠뜨려서는 안 된다는 것이다. 관상 기도 전체의 기본이 생각을 넘어 움직여 가는 것이기에 그분의 가르침은 그리스도인에게 적절한 수련으로서 과연 무형적 관상이 합당한가 하는 의문을 제기했고, 때때로 그렇게 해석되어 왔다. 즉, 논리적 묵상에서 관상 기도로 자연스럽게 넘어갈 때 제동을 건다는 것이다.

그리스도와의 개인적인 사랑이 발전하는 것이 바로 그리스도교 영적 여정의 핵심이다. 그런데 이러한 사랑은 오직 생각을 통해서만 표현될 수 있는가? 관상의 영역을 아주 깊게, 무아의 경지까지 알고 있던 데레사 성녀는 그 시대의 어떤 과장된 경향―하느님 나라는 고통 받는 사람들과 가난한 사람들에 대한 사랑에 바탕을 두고 세워진다는 그리스도의 비전을 상실한―즉, 왜곡된 개인적 신

---

3) 의식에는 여러 가지 다른 수준이 있음.「사랑에로의 초대」부록 참조.―옮긴이 주

비주의에 대한 반응을 나타낸 것일 수도 있다. 복음에서 영감을 얻지 못한 기도 방법들을 그리스도와의 관계의 정상적인 발전이나 관상 기도에서 일어나는 좀 더 친밀한 차원, 즉 생각과 감정을 넘어서 하느님의 현존 안에 쉰다는 것과 혼동해서는 안 된다.

바오로 사도가 말했듯이 "하느님의 사랑을 성령께서 우리의 가슴속에 부어 주셨기" 때문에, 우리도 관상 기도가 자라면서 이러한 은총의 움직임에 온전히 참여하게 된다. 하느님의 현존이 충만해지면 생각과 감정과 어떤 특별한 행동으로 이루어지는 디딤돌의 도움이 적어도 습관적으로는 더 이상 필요 없게 된다. 데레사 성녀와 동시대 사람이면서 교회의 동료 학자인 십자가의 성 요한은 저서 「사랑의 산 불꽃」(셋째 노래, 26-59절)에서, 사랑으로 몰입하여 하느님을 기다리는 상태로 성령의 부름을 받은 사람들이 이러한 이끌림에 이르지 못하도록 할 수도 있는 영적 지도자의 커다란 위험에 대해 설명하고 있다. 일단 그리스도의 인성의 신비에 대한 믿음을 드러낸 이상, 기도 중에 우리는 그 신비 안에 머무시는 거룩한 위격의 현존에 빠져들게 된다. 일상생활로 돌아와서는 이 변형된 의식을 지닌 채, 성령의 열매와 참행복을 생활 속에 드러내 보이는 것이다.

관상 기도는 그리스도교 전통 안에서 오래되고 존귀한 역사를 지니고 있다. 이러한 형태의 기도는 이집트, 팔레스타인, 시리아의 에바그리우스, 요한 카시아누스, 성 요한 클리마쿠스 등과 같은 사막 교부들이 수련하그 가르쳤다. 다른 모든 세대에도 이 전통을 대표하는 사람들이 있었다. 교부 시대 서방에는 성 아우구스투스와 성 대 그레고리우스가, 동방에는 위僞-디오니시우스와 헤시카스트Hesychast들이 있었다. 중세에는 클레르보의 성 베르나르도, 성 티에리의 윌리엄William of St. Thierry, 카르투시오회의 구이도Guido, 독일 라인 강 지역의 신비가인 성 힐데가르데, 성 마틸다, 에크하르트, 루이스브로크Ruysbroeck, 후에 「준주성범」을 쓴 타울러 등이 있다. 영국의 14세기 신비가들로는 「무지의 구름」을 쓴 저자와 월터 힐턴Walter Hilton, 리처드 롤Richard Rolle, 노리치Norwich의 율리아나 등이 있다. 종교 개혁 이후에는 가르멜 수도회 소속인 아빌라의 성녀 데레사, 십자가의 성 요한, 리지외의 성녀 데레사가 있었다. 프랑스 학파의 영적인 저자로는 성 프란치스코 살레시오St. Francis de Sales, 성 요안나 프란치스카 드 샹탈St. Jane de Chantal, 베룰Berulle 추기경 등이 있다. 예수회원으로는 드 코사드De Caussade, 랄르몽Lallemont, 쉬랭Surin 신부가 있다. 베네딕토회는 아우구스티노 베이커Augustine Baker와 요한 채프먼Dom John Chapman 신부가 있으며, 현대 시토회 중에는 비탈 르호디Vital Lehodey 신부와 토머스 머튼 등이 있다.

지난 여러 세기 동안 관상 기도를 계발하는 방법들이 여러 가지 이름으로 불렸다. 이는 기도하는 사람들이 선택한 방법에 따른 것이었다. 그중에는 순수한 기도(카시아누스), 믿음의 기도, 가슴의 기도, 단순성의 기도, 단순 주목注目 기도 등이 있다. 우리 시대에는 수도회에서 주도했다. 그중 예수회와 개혁 가르멜회가 주목할 만한 수도회로서, 그들은 창시자의 관상적인 지향을 쇄신하면서 그들의 영성을 평신도들과 나누려 했다. 베네딕토회의 요한 매인 John Main 신부는 관상 기도를 계발하는 한 가지 방법을 새롭게 했다. 그는 이것을 요한 카시아누스로부터 온 것이라고 소개했다. 향심 기도 방법은 주로 14세기의 「무지의 구름」과 십자가의 성 요한의 가르침에 근거를 둔 것이다. 이는 이전의 가르침을 현대적인 형태로 만들고 거기에 어떤 순서와 절도를 가미하여 제시했다.

관상의 발전에는 여러 단계가 있다. 아빌라의 성녀 데레사는 「영혼의 성」(바오로딸, 1998)에서 이를 네 번째 궁방부터 시작하여 묘사했다. 십자가의 성 요한 역시 관상의 발전을 기술하면서 두 가지 길—즉, 데레사가 말하는 환희의 신비주의와 그가 "믿음의 숨겨진 사다리"라고 부른 길—로 구별했다. 우리는 믿음과 희망과 사랑의 발전에 관상 기도가 끼치는 중대한 역할을 더욱 분명하게 이해하는 데 있어 십자가의 성 요한에게서 많은 도움을 받았다. 그는 영적인 여정을 제시하면서, 이성을 통해 얻은 믿음이 점차 자라면 나중에는 관념과 상징의 유용성은 사라진다고 했다. 믿음이 점점 순수해지면서, 하느님에 대한 완전한 신뢰와 무조건적으로 사랑하는 일을 할 수 있는 기초를 든든하게 형성해 준다고 했다.

이 모든 일은 사람이 하는 일이라기보다는 성령께서 하시는 일이다. 사실 하느님과의 일치가 자라려면, 우리의 인간적인 활동은 점차 줄어들어야 하고 하느님이 일하시도록 기다리는 법을 배워야 한다. 그것은 감각의 밤에 감각적 기능들이 점차 정화되고 영의 밤에 영적인 기능들이 점차 정화되는 것을 전제한다. 그러므로 이러한 심리적인 체험이 대때로 일어나기는 하지만, 관상적 길의 핵심은 하느님에 대한 심리적인 체험으로 발견되지 않는다. 관상의 핵심은 신뢰하면서 사랑으로 갖는 믿음이며, 이것을 통하여 하느님은 인간을 들어 올려 주시고 복음의 가치와 성령이 하시는 일에 역행하는 우리의 의식적인 혹은 무의식적인 장애를 정화시켜 주신다. 고전적이고 엄격한 의미에서 관상 기도는 "생명으로 인도하는 좁은 길"이다.

## 10장
# 이 시대 관상의 비전

 관상 기도를 하는 사람들이 이 세상에서 항상 소수에 속했던 이유 중 하나는 기도나 묵상을 위해 하루 중 정해진 시간을 보내는 것뿐만 아니라, 관상을 위해 자신의 전 자아를 내놓아야 한다는 사실 때문이다. 그것은 엄청난 투신이며, 만일 우리가 자신의 내적 확신이나 시작해야 한다는 충동에 스스로를 내주기만 하면, 우리가 가고자 하는 곳으로 하느님께서 우리를 데려가시리라는 확고한 신뢰를 요구한다. 거기에 얼마나 많은 어려움이 있느냐는 문제가 되지 않으며, 우리는 그저 가야만 한다. 일단 시작한 이상 되돌아올 수 없다. 폭우와 바람과 싸워 가면서 자신의 목적지를 향해 가는 작은 제비들의 이미지는 우리의 상황을 상징적으로 잘 나타낸다. 그러나 인간의 경우는 본능을 바탕으로 떠나가는 것이 아니라 희망이라는 향주덕을 바탕으로 한다. 하느님께서 우리에게 주신 움직임, 부르심 혹은 이끄심은 새들이 이동 본능에 자신을 맡기는 것만큼이나 신뢰할 수 있는 하느님의 약속이다. 우리는 새들처럼 이동 본능에 자신을 맡기는 대신 하느님의 변형 과정에 우리 자신을 맡겨 드리는 것이다.

향심 기도를 처음 가르칠 때, 나는 사람들이 이 수련을 끈기 있게 하려면 어떤 종류의 적절한 지원 체제가 있어야 한다고 느꼈다. 내 생각에, 새들의 이동을 지켜 주는 커다란 지원은 무리를 지어 날아가는 것이다. 위험하면서 어디론가 잘 모르는 곳을 향해 날아가려면 동료가 필요한 법이다.

향심 기도가 행복을 얻기 위한 지름길이 아님을 알게 되면서, 초심자들이 처음에 가졌던 열정은 자연히 식어 간다. 그것은 정말 시험과 어려움이 시작되기 전에 몇 달 동안은 평화를 줄지도 모른다. 최근에 어떤 사람이 향심 기도와 동양의 묵상 방법에 관한 논문을 쓰고, 불안을 줄이는 방법으로 이를 권장했다. 여기에서 그는(확신하기에는 소수의 의견을 기초로) 향심 기도를 비롯한 묵상이 일반적으로 불안을 줄여 준다는 것을 발견했다고 했다. 나는 그 사람에게 이렇게 편지를 썼다. "향심 기도가 처음 몇 달은 불안을 줄여 주지만, 일단 무의식의 짐을 덜어 내기 시작하면 이제까지 겪어 왔던 것보다 더 큰 불안을 경험하게 될 것입니다." 이 영적 여정은 헌신을 요구하기에 어떤 사람들은 중도에 하차할 것이다. 이것은 온 인격, 즉 몸과 영혼과 영으로 투신해야 한다. 향심 기도는 온전하게 변형 과정에서 우리를 지탱해 주는 역할을 한다. 이 변형 과정은 절대로 안전하거나 쉽거나 확실하지 않다. 희망이라는 향주덕은 지금 여기에서 도달할 곳을 예견한다. 예수님의 말씀에 따르면, 우리가 그분을 믿기만 하면 이미 영원한 생명을 가지고 있는 것이다. 우리가 아직 비행을 끝내지 않았기 때문에 여전히 그것을 알아차리지 못하고 있을 뿐이다.

관상 지원의 비전은 이것이다. "어떻게 하면, 풍부한 그리스도교 관상의 전통을 오늘날 어떤 종류의 언어와 영감과 지원 체계를 만들어 현대인들이 이 여정을 끝까지 추구할 수 있도록 길을 열어 주고, 교회와 폭넓은 그리스도교 공동체에 봉사할 것인가?" 이러한 지원 체계를 발전시키면서, 오늘날 영적인 고전을 읽는 것만으로 이 여정을 시작할 사람은 얼마 되지 않을 것이라고 생각한다. 그래서 심리학적인 모형에서 개념적인 배경을 찾고자 했다. 만일 그들이 알아볼 수 있는 심리학적 틀을 제시하지 않았다면, 누가 향심 기도를 시작했을지 의문이 든다. 나는 고전을 연구하는 것이 관상 기도를 시작하는 방법이라고는 생각하지 않는다. 얼마나 많은 사람들이 수백 권의 책을, 그것도 대부분 아주 생소한 용어와 기준으로 제시된 책들을 읽고 기도의 실제적인 방법을 알아냈을까? 그리스도교 전통은 언제나 어느 정도 방법론에 한계가 있다. 원죄와 실낙원에 관하여, 칠죄종의 결과로 우리가 처한 비참한 상태에 관하여 훌륭한 자료가 얼마든지 있다. 또한 변형적 일치와 거기서 얻는 기쁨에 관한 훌륭한 문헌들도 많다. 하지만 문제는, 우리가 한 곳에서 다른 곳으로 어떻게 옮겨 갈 것이냐 하는 방법에 대해서는 언급된 것이 별로 없다는 사실이다.

여기에 대하여 나는 동양에서 영감을 얻었다. 동양의 스승들은 제2차 세계 대전 이후에 미국으로 많이 들어왔는데, "여기 우리의 관상(그들은 묵상이라고 부른다) 방법이 있는데 당신네 것은 어디 있소?" 하고 물었다. 그러나 우리에게는 답변할 것이 없었다. 그들의 확고하고도 자세한 방법과 비견할 만한 것이 우리에겐 없었다. 심지어 이냐시오 영성 수련도 당시에는 좀 한심한 상태였다. 물론 그것이 여러 가지 유용한 시각을 사용하는 것으로서 그 자체로 좋기는 하지만, 우리를 좀 더 순수한 믿음의 수준이나 관상 상태에 들게 하지는 못했다. 예수회는 근간에 이르러 이냐시오의 원래 영감과 방법을 재발견하는 데 많은 공적을 쌓았다. 향심 기도는 그리스도인들이 가톨릭의 풍요한 관상 전통에 접근하도록 발전시킨 것이다. 1980년대 초에는 이 방법이 영적인 목마름을 채워 줄 것이라는 사실이 명백해졌다. 거기에 반응하는 사람들의 수효가 점점 늘어나고 그들의 삶은 물론 기도도 변형되었다.

어떤 종류이건 진지하게 기도 수련을 하는 사람들에게는 기도가 깊어지게 하고 그 수련을 정립하기 위해 개념적 배경을 필요로 한다. 나는 사람들이 향심 기도를 계속한다면 이러한 필요가 크게 증가하리라는 것을 알고 있었다. 후에 '영적 여정'이라고 불린, 비디오테이프로 된 자료들을 다루면서 나는 그리스도교 전통을 현대 과학, 특히 발달심리학, 인류학, 물리학과 접목시키려 했다. 처음에 나는 아무도, 특히 평신도들이 그것에 흥미를 가지리라고는 기대하지 않았다. 그렇지만 얼마 안 가서 평신도들이 사제와 수도자보다 더 흥미를 갖는 것을 발견했다. 나는 다른 종파의 그리스도인들도 여기에 흥미를 가지는 것을 알게 되었다. 그들의 종파에서는 관상적인 차원이 없었고, 설교나 신학 외에 좀 더 경험적인 무언가에 대한 필요를 느끼기 시작하고 있었다. 심지어 사제들이나 주교들도 사람들을 회두시키거나 전교하는 것을 전례나 교리 교육으로 시작해야 하는가 하는 의문을 던지기 시작했다. 그 어떤 것, 사람들을 자신의 머리에서 나오게 하는(즉, 머리로 공부하는 방법이 아닌) 어떤 형태의 기도 체험이 이렇게 시작하는 데는 더 좋은 결과를 가지고 올 것으로 보였다.

　동양의 방법을 접해 본 사람들에게 '묵상'이란 그리스도교의 관상을 뜻한다. 그것은 어느 기간 동안 일상적인 생각의 흐름을 무시하는 것이다. 생리학적이고 심리학적인 견지에서 볼 때, 이는 어떤 형태이건 동양의 묵상 방법의 근본이 된다. 카를로스 카스타네다Carlos Castaneda는 이를 가리켜 "내적 대화를 중지하라."는 고전적인 표현을 썼다. 이것이 바로 관상 기도를 하도록 마음을 준비시키는 가장 유용한 훈련이다. 하느님의 이끄심에 자신을 투신하는 과정은 현상을 직접 체험하는 느낌의 과정이 아니다. 이는 아주 상반되게, 실제적 체험의 느낌 없이도 나서고자 하는 용기이며, 진정한 여정이 일어나는 어둔 밤으로 나아가는 것이다. 이것 없이는 약속된 땅에 정상적으로 도달할 수 없다.

우리의 조직은 절대로 평신도 수도 생활 형태가 아니다. 내가 이를 거부하는 이유는 우리가 '수도적'이라는 말을 쓰기만 하면 사람들은 관상이 봉쇄 생활을 하는 사람에게만 해당된다는 고정관념으로 되돌아갈 것이기 때문이다. 대부분의 교구 사제들도 비슷한 생각이다. 나는 한 사제가 자신이 다니던 신학교 이야기를 들려준 것을 기억한다. 영성신학을 가르치던 한 교수는 교과서에서 관상에 관한 대목에 이르자 이렇게 말했다. "여기서는 그런 문제를 다루지 않을 겁니다. 그것은 스펜서 친구들(시토회 수도자들을 말함—옮긴이 주)이나 하는 거예요." 사목 일선에 있는 이들에게는 관상이 아무런 상관이 없다는 말로 들린다. 이것이 1975년경까지 지속된 우리의 고정 관념이었다. 봉쇄 수도자들은 일어나 그 자리를 피하거나, 대부분 아주 신경질적인 모습을 보였다. 거기서 평정심을 유지하며 관상에 관해 이야기할 수 있는 사람은 아무도 없었다. 일반인들 역시 관상은 신비가나 성인에게만 해당되는 것이라고 배웠다. 그러나 관상은 성덕의 삶을 살아서 받는 상이 아니라 성덕의 삶에 필요한 것이다. 사제들이나, 사제직을 일부 수행하는 평신도들이 영적 지도를 하려면 요원한 시간을 기다려야 한다. 영적 지도를 여러 가지 전문적인 그들의 직능 중 하나라고 쉽게 간주할 수는 없다. 스스로 안전하다고 느끼기 위해 보통 원하게 되는 영적인 장식들(예를 들면 특정한 봉헌 기도 등)[4] 없이도, 우리는 스스로 영적 지도자가 되는 것이 아니라 이 여정에서 자신을 투신하고 위탁하고 맡겨 드리는 것이라는 사실을 경험하고 깨달아야 할 것이다. 사실 안전장치(영적 장식)를 떠나보내는 것이 여정에 필요한 조건임을 인정해야 한다. 무지의 세계로 가는 여정임을 받아들이지 않고는, 아무도 진정으로 관상할 사람이 되지 못한다. 그 이유는 그것이 바로 전제 조건이기 때문이다. 하느님은 우리의 고정관념이 뒤집히고, 조심스럽게 세운 모든 계획이 내팽개쳐지며, 선입견을 모두 떠나보내게 하는 곳으로 우리를 이끌어 가셔야 한다.

영적인 여정에서는 동기가 모든 것이다. 나는 하느님이 생활 양식의 변화나 이상적인 환경보다는 우리가 하는 일에 대한 태도에 더 관심을 두실 거라고 생각한다. 우리의 동기는 종교적이거나 영적인 옷으로 가장한 거짓 자아에게서 영감을 받을 수도 있다. 알

---

[4] 사람들은 자신의 신심을 수행하려고 묵주 기도, 성무일도, 9일 기도 및 여러 봉헌 기도를 규칙적으로 바친다. 그러나 이러한 기도가 내적 변형과 하느님과의 일치, 정화로 나아가려는 지향 없이 외적으로만 하는 것이면 외적 장식에 불과하다. ―옮긴이 주

지 못하는 곳으로 가겠다고 하는 것, 짐을 덜어 내는 과정에 순종하는 것이 우리의 무의식의 신비 속으로 들어가는 데 중요한 단계가 된다. 그 무의식에는 삶의 모든 역사가, 특히 육신이라는 저장소에 묻힌 어린 시절의 정서적 상처가 감춰져 있을 뿐만 아니라 믿음, 희망, 거룩한 사랑 안에 성장할 수 있는 잠재력이 감춰져 있다. 거기에 또한 하느님의 내재하심이 있다. 우리는 점차 하느님의 내재하심, 즉 아버지와 아들과 성령이 우리 안에 계시다는 깨달음을 단지 느낌으로서가 아니라 그 확신을 회복해야 한다. 이것이 영적 여정의 핵심이며, 향심 기도로 하는 것이다.

나는 자주 향심 기도와 거룩한 독서 사이의 관계를 밝혀 달라는 요청을 받는다. 향심 기도는 거룩한 독서 방법의 한 부분이 아니다. 이것은 오히려 같은 전통에서 생겨난 다른 기도 방법이라고 할 수 있다. 향심 기도는 거룩한 독서와 밀접하게 관련이 있지만, 그 방법이 아니라 거룩한 독서가 뜻하고 지향하는 그리스도와의 관계의 발전이라는 점에서 관련을 갖는다.

향심 기도의 실제적인 결과의 하나는 우리 시대에 거룩한 독서가 온전히 발전하는 길에 놓인 장애를 극복하는 것이다. 왜냐하면 사람들은 관상 기도로 가는 자발적인 움직임에 저항하는 경향이 있기 때문이다. 어떤 사람은 명석한 정신을 지니고 있고 매우 지적이어서 끝없는 사색을 하기에 적합하다. 이는 믿음의 진리에 대하여 사색하는 것이 필요치 않다는 말이 아니다. 거룩한 독서의 문제는 단순화된 정감적 기도에서 어떻게 관상으로 넘어가느냐 하는 것이다. 나는 보통 거룩한 독서의 수련을 통하여 관상으로 나아가려는 요즘 사람들에게 향심 기도나 이와 같은 방법들이 필요하다고 점점 더 확신하게 된다.

우리 시대에는 논리적 묵상에서 내적 침묵으로 넘어가는 데 가장 해로운 두 가지에서 두드러지게 문화적으로 조건화된 경향이 있다. 그 첫 번째는 과다한 활동으로서 하느님을 기쁘게 해 드리고자 기도 중에 무엇인가를 해야 한다는 생각이다. 두 번째는 과다한 관념화로서, 높은 교육을 받은 사람들에게 특히 해롭다. 신학적으로 고도의 훈련을 받은 사람들에게는 더욱 그렇다. 그들은 하느님을 생각하는 것이 기도라는 아이디어에 서서히 빠져 버렸다. 하지만 그렇지 않다. 향심 기도는 이 시대 사람들이 기도의 발전에 놓인 두 가지 커다란 문화적 장벽을 극복하게 해 주는 방법이다. 거룩한 독서에서 우리가 사색하고 응답한 다음에는 신비롭게 하느님 안에서 쉬도록 되어 있다.

현대에는 논리적 묵상에서 하느님 안에 쉼으로써 움직여 가는 방법에 대한 공통적인 가르침이 없다. 사실상 이러한 움직임은 최근까지 저지되어 왔다. 예수회에서는 수 세기 동안 개인화된 신비주의를 두려워한 나머지 논리적 묵상에만 매달려야 했다. 이러한 정신 자세가 가져다준 역사적 결과는 그리 놀랄 만한 일이 아니다. 관상은 고도로 제도화되었고, 치밀한 조직적 환경 안에서만 가능해졌다. 봉쇄 수도원의 바쁜 수도자들은 물론, 평신도나 활동적인 사목에 종사하는 사람들마저 멀리서 접근할 수가 없었다. 그러나 하느님 안에 쉼의 경험 없이는, 그 사실조차 알지 못한 채 칠죄종이 번성할 수 있다. 누가 교구 일이나 가르치는 일을 맡으면 자신이 하느님을 위해 큰일을 하고 있다고 생각할 수도 있으나, 무의식 속에 있는 행복을 위한 정서 프로그램의 결과인 칠죄종은 자기 안에 아주 견고하게 남아 있다. 그러므로 그것을 부딪치며 다루지 않는 한, 종교인의 직업적 위험인 지쳐 버림이나 바리사이주의로 빠지게 된다.

그렇기에 나는 요즈음 자신에 관하여 살아 있는 심리학적 지식 없이는 영성 생활을 할 수 없다고 말한다. 자신에 관하여 건전한 정체성을 발전시키지 않으면, 여정을 위한 심리적인 자원이 부족해진다. 어릴 때 정서적으로 상처를 받았고, 그것들이 억압되었거나 학대를 받아 튼튼한 자아를 갖지 못한 사람들은 하느님께 드릴 자아가 없다. 그들은 하느님이나 다른 사람들과 관계를 맺을 자아를 가지고 있지 않다. 만일 "자신을 낮추시오." "항상 눈은 아래를 보시오." "윗사람에게 질문을 던지지 마시오(즉, 말대꾸하지 마시오)." 하는 충고를 들으면 그들은 바로 실천한다. 그 이유는 그들이 그러한 것들을 진정으로 좋아하기 때문이다. 그들은 자신에 대하여, 어렸을 때 받았던 손상에 대하여 스스로 책임지기를 원하지 않는다. 그들은 내적인 변형보다는 외적인 순명을 더 좋아한다. 하지만 그 상처가 얼마나 크든지 간에, 우리의 정서 생활에 대해 개인적인 책임을 지지 않으면 영적 여정은 결코 시작되지 않을 것이다. 물론 의식적인 삶이 우리의 출발점이 되어야 하지만, 정말 큰 문제는 무의식적인 행동 동기다. 이 두 가지가 모두 바뀌어야 한다.

향심 기도는 이러한 변화가 일어나기 시작하게 하는 환경을 조성한다. 어떤 사람들은 이러한 수련이 일련의 변화를 가져올 것이라고 알아차리면 뒤로 물러날 것이다. 향심 기도를 하면 자신의 무의식을 만나게 되므로, 정신병 초기거나 우울증이 있는 사람들은 전문적인 지도 아래 향심 기도 수련을 해야 한다. 아픔을 주는 정서적인 자료들이 무의식에서 올라올 때 이들을 다룰 수 있으려면, 수련자는 충분히 강한 자아와 자아 정체성을 지니고 있어야 한다.

무의식으로 가는 길은 커다란 무지의 세계로 가는 길이다. 향심 기도를 하루 두 번으로 제한하는 이유는 무의식에 부드럽게 자신을 내놓아, 이전에 어떤 형태의 묵상을 통해 이러한 것들이 의식의 표면으로 빨리 올라오도록 되어 있지 않는 한, 이 길이 여러 해가 걸리도록 한 것이다. 이렇게 함으로써 사람들은 이 수련의 개념적 배경을 이해할 수 있는 시간을 충분히 가지게 된다. 무의식에서 이러한 짐이 덜어지면서 어렸을 때의 충격과 본능적 욕구들을 만나게 될 때쯤이면, 이들을 다룰 수 있는 능력을 가지게 된다. 이 경험이 다소 아프긴 하겠지만, 그들을 망쳐 놓지는 않을 것이다.

한 가지 중요한 점이 있다. 향심 기도는 관계인 동시에 이 관계를 일구는 방법이라는 것이다. 향심 기도는 거룩한 독서의 일부분이거나, 그것에서 나왔다는 것을 분명하게 확신하지 못한다 해도 거룩한 독서의 관계적 움직임으로 끼어든 것이다. 이는 또한 관상으로 가는 길에 방해가 되는 것들을 줄이려고 만든 방법이다. 여기서 방해가 되는 것들이란 특히 과다한 활동, 자기 생각에 과다하게 의존하는 것, 자신과 자신의 행동에 지나치게 몰두하는 것 등이다. 이 방법은 그 자체가 하나의 훈련으로서 예수님과의 관계를 발전시켜 결국 하느님과 일치를 이루게 한다. 기본적으로 영상을 사용하거나 논리적 묵상을 주로 해 온 사람들과 대화하다 보면, 당신은 자신이 그들과 전혀 다른 사람임을 알게 될 것이다. 관상에 대한 경험이 없으면 아무도 관상을 이해하지 못한다.

향심 기도는 단순화된 정감적 기도에서 관상으로 넘어가는 것을 못하게 하거나 방해하는 것을 고치려고 만든 하나의 훈련으로서 거룩한 독서와 연결된다. 이 말은 향심 기도를 수련할 때 다른 것은 아무것도 하지 않음을 뜻하는 것이 아니다. 단지 거룩한 독서나 다른 기도는 다른 시간에 한다는 것이다.

이제 아주 민감한 질문을 할 차례다. 우리는 향심 기도로 기도 생활을 시작할 수 있는가? 전통에 따르면, 정상적으로는 논리적 묵상으로 시작해야 하며 하느님이 우리를 관상으로 부르신다는 것을 알아보지 못하는 한, 정감적 기도 이상으로 넘어가지 말아야 한다. 그러나 아무도 그것이 무엇을 뜻하는지, 하느님이 우리를 부르시는 때를 어떻게 아는지 설명하지 못한다. 십자가의 성 요한이 제시한 일반적인 신호(부르심)는 실제의 경우에 입증하기 쉽지 않다. 우리는 분별을 가르쳐 줄 만한 영적 지도자를 찾아갈 수도 있지만, 그 역시 잘 알지 못할 수도 있다. 여기서 나는 이런 질문이 떠오른다. 우리는 왜 하느님의 부르심을 알아야 하는가?

44쪽 [그림 1]의 연속선을 다시 한 번 보자. 성령의 활동은 이 선상의 한 끝에서 우리를 향해 있고 기도하려는 우리의 노력은 다른 한 끝에서 성령을 향해 있다. 로마 가톨릭 신앙에 따르면, 우리는 성령의 은총 없이는 기도하고자 하는 소망조차 품을 수 없다. 이러한 의미에서 볼 때, 모든 기도는 성령에 의해 영감을 받은 것이다. 그래서 성령이 점차 우리의 기도를 떠맡는데, 향심 기도는 그 일을 도와준다고 할 수 있다. 그런데 '점차'라는 말은 우리의 기준이지 하느님의 기준이 아님을 기억해야 한다. 회두 혹은 전인적

회심metanoia은, 우리가 살고 있는 죽음의 길을 멈추고 다른 방향으로 그 삶을 회전시켜야 함을 인정하는 것으로, 성경에는 일치된 행동으로 나타나 있다. 만일 성령의 개입으로 오래된 알코올 중독자가 더 이상 자신의 삶을 스스로 다룰 수 없음을 인정하고 하느님께 맡겨 드린다면, 어떤 사람이, 심지어 '경험 없는' 그리스도인이라도 기도 중에 지혜와 이해와 지식의 관상적 선물에 의해 움직일 수 있다고 상상하는 것이 그렇게도 어렵단 말인가? 하느님에게는 그리 어려운 일이 아니다.

위에서 말한 연속선으로 돌아가기 위해, 나는 아우구스티노 성인의 말을 인용하고자 한다. "우리는 영성을 우리의 발로가 아니라 우리의 욕망으로 움직인다." 하느님과 일치를 이루겠다는 욕망이 일상생활과 기도 가운데 나타날 때, 어떤 지점에서, 우리의 활동은 단순화된 정감적 기도라고 불리는 활동으로 축소된다. 정감적 기도란 한두 단어 혹은 몸짓이나 영적인 의미로서 시각으로 하는 일반적인 상상—영상이 아니라—등을 말한다. 어느 지점에서 우리는 거룩한 단어(단순히 우리 지향의 몸짓인 사랑의 표현)의 사용이 의식에서 떠나 버리고 평화의 감각, 혹은 하느님에게 붙잡혔다는 감각, 그저 평온하고 조용한 느낌을 다소 알게 된다. 거룩한 단어로 계속 반복하면서 지향을 꾸준히 새롭게 하는 것이 하나의 습관이 되어 이제는 스스로 반복된다. 거룩한 단어가 사라지면서,

거룩한 상징으로 우리의 지향을 새롭게 하는 아주 단순한 행동과 성령의 활동이 만나는 곳(비인간의 세계)으로 들어간다. 그러면 우리는 엄격한 의미의 관상에 도달한 것이다. 그때까지 향심 기도 수련은 아직 '획득한 관상'(이루어진 관상 상태라기보다는 어느 정도 자신의 노력으로 관상처럼 보이는 상태에 도달한 것—옮긴이 주) 상태에 있다. 그것은 마음과 대화하진 않지만 마음에 계속 생각이 들어오면 그 생각에 주의를 주지 않는 훈련이다. 만일 대화에 이끌려 거기에 빠지려 하면, 원래 지향의 순수성을 새롭게 하고자 거룩한 단어로 돌아간다. 원래의 지향이란 기도 시간 동안 하느님과 지내면서 그분께 나 자신을 열어 드리고 맡겨 드리는 것을 말한다.

그래서 향심 기도에서는 지향의 순수성이 수련의 일차적인 초점이다. 이것은 사랑하는 일이다. 그렇기에 하느님에 대해 생각한다든지, 기도할 때 우리가 하느님을 위하여 무엇을 하고 있다고 느끼기 위해 어떤 헌신 행위를 한다든지 하는 의존성(의식적으로 혹은 무의식적으로)에서 우리를 떠나보낸다. 이제 성령은 우리 안에서 우리의 기도와 활동을 떠맡으셨다. 우리의 의지는 하느님의 뜻과 서로 신비롭게 어우러져서, 우리는 행복감에 젖거나 하느님과 함께 혹은 하느님 안에 있다는 확신을 갖는다. 때로 감각적인 위안이 몸 안으로 흘러 들어오기는 하지만, 이것이 기도의 열매로서 필요한 것은 아니다. 성령의 활동이 우리의 기도를 흡수하여 그 기도를 떠맡을 때 향심 기도는 관상이 된다. 이것이 궁극으로는 습관적인 기도 상태가 되고 바로 하느님 안에서 쉬는 것이다. 물론 우리의 노력으로 그 상태에 도달한 것은 아니다.

이제 다시 전통에 따른 원래의 반대로 돌아가 보자. "자, 너희에게 관상의 좋은 방법이 있다고 치자. 그렇지만 거기서부터 관상을 시작하면 안 된다고 전통은 일관되게 경고하지 않나. 거기에 대해 뭐라고 말할 것인가?"

이것은 아주 심한 반대다. 어떤 사람들은 우리가 질병을 일으키기 도 전에 잘못된 거룩한 독서를 치료하기 시작했다고 비난한다. 나는 거룩한 독서를 네 가지 중 어느 하나―읽기, 묵상, 응답, 쉬기―에서 시작할 수 있다고 확신한다. 사실상 어떤 사람은 우리의 문화적 조건화 때문에 하느님 안의 쉼에서부터 시작하는 것이 더 좋다. 거룩한 독서는 역동적인 과정이기에 우리는 그 특성을 관계성이라고 강조한다. 향심 기도의 관계성이라는 자질은 거룩한 독서의 네 가지 수준에 모두 적용된다. 만일 누가 처음의 세 가지 수준을 자신의 정신 안에 미리 마련해 놓지 않았다면, 향심 기도는 다시 돌아가 그 빈 공간을 메우도록 그 수련자를 지극히 부드럽게 이끌어 줄 것이다. 향심 기도는 그 사람을 거룩한 독서의 앞 단계로 돌아가게 한다. 왜냐하면 그것들이 유기적인 전체 과정에서 꼭 필요한 부분이기 때문이다. 우리는 어떻게 하여 우리가 있는 곳에

오게 되었는지 알고 싶어질 것이다. 이것은 단지 이론이 아니다. 관상지원단의 조직망은 이러한 말들의 실제적인 타당성에 대하여 많은 증언을 가지고 있다. 향심 기도에 처음 접근했던 지점에서부터(그것이 어떤 지점이었든지 간에), 이 사람들은 모든 그리스도교 관상과 성경 전통에 온전히 도달하는 곳으로 옮겨 간 것이다.

  향심 기도는 거룩한 독서의 전통 속에 잘 맞아 들어간다. 그러나 특별한 자리에서 특별한 목적에 맞게 들어간다. 어느 주교님은 나에게, 향심 기도를 매일 수련했을 때 다른 봉헌 기도도 더 잘되었다고 말했다. 그는 처음으로 자신이 왜 향심 기도를 하고 있는지, 그것이 자기 영성 생활의 유기적인 발전에 어떻게 맞아 들어가는지를 이해하게 된 것이다. 사실, 향심 기도는 넓은 의미에서 거룩한 독서이다. 지금까지 정상적으로 권고되지 않았던 곳에서 시작하고 있을 뿐이다. 그러나 우리는 좋은 이유에서 하고 있으며 좋은 결과를 가져오고 있다. 거룩한 독서의 전통은 한 번의 기도 시간에 한 수준에서 다른 수준으로 옮겨 갈 수 있다고 언제나 가르쳐 왔다. 우리가 만일 마지막 단계에 도달하면, 다른 단계들도 향상될 것이다. 만일 사람들에게 향심 기도를 시작하라고 설득할 수 있다면, 특히 사색하는 강박을 먼저 다루지 않고서는 관상 경험을 하기 어려운 지적인 사람들에게는, 그들이 하는 모든 것이 더 잘되어 갈 것이다. 그들의 일상 기도는 더더욱 상호 작용을 하게 되고, 그들의 사색은 성령의 도유塗油를 받고, 그들의 대화는 이전보다 더 다른 사람의 가슴에 감동을 줄 것이다. 지금 우리는 사랑에 대하여 말하고 있다. 이것이 또한 향심 기도와 동양의 묵상을 구별 짓는 것이다. 동양의 방법은 일차적으로 인식에 관심을 둔다. 향심 기도는 하느님의 사랑에 관심을 둔다.

뛰어난 예수회원이며 종교간 대화의 권위자인 고故 댄 오한런 Dan O' Hanlon 신부는 이렇게 말했다. "나는 아시아의 영적 수련과의 접촉을 통하여, 언어와 개념으로 시작하지 않으면서도 언어와 개념 너머로 기도의 목표를 움직여 갈 수 있음을 발견했다." 나는 이것이 동양에서 온 도전과 통찰이며 우리의 가슴속에 깊이 받아들여야 한다고 생각한다.

동양의 전통은 자아가 할 수 있는 일을 더 크게 강조하므로 참자아와 하느님을 동일시할 위험이 있다. 반면에, 그리스도교 전통은 하느님의 현존을 인정하면서 하느님을 참자아와 구별한다. 다른 말로 하면, 우리 각자의 독특함은 그대로 남아 있으면서 하느님을 드러내는 도구가 된다. 실은 그것 때문에 우리가 창조되었다. 즉, 아버지와 아들의 일치 안에서 은총으로 나누는 것이다.

향심 기도는 그리스도교 전통에서 나왔으며 그리스도교의 헌신의 원천을 조명해 줌으로써 전통적으로 해 온 그 모든 헌신을 지지한다. 그리하여 더욱 결실을 맺는 사도직의 기초가 되고 다른 사람들, 우주, 지구, 우리 자신, 삼위일체와 진정으로 비이기적인 관계의 기초가 된다. 다른 말로 하면, 향심 기도는 우리 안에서 거룩한 생명을 살아가는 삼위일체이시다. 그것은 뛰어난 삼위일체적 기도로서 육화, 하느님의 내재, 그리스도의 신비체, 성령 칠은 등을 뜻한다. 이는 신학자들이 일반적으로 영적 여정에 관하여 말할 때, 가장 중요한 원칙이라고 간주하는 교리적 가르침이다.

향심 기도를 가르칠 때, 보통 처음에는 이 원칙에 대하여 별로 말하지 않는다. 그 이유는 소개 워크숍이나 초기 후속 프로그램은 신학적인 과정이 아니기 때문이다. 그러나 이후에는 향심 기도가 다른 이름과 형태로 전통 속에 표현되어 왔다는 사실을 보여 줄 필요가 있다. 그 방법에 대해서는 초대 교회 시기에 명백하게 설명되어 있다. 향심 기도는 사막 교부들에 의해 처음 발전되었고 카시아누스에 의해 보고되었지만, 그 뿌리는 훨씬 이전으로 거슬러 올라가는 무형 기도apophatic 전통을 우리 시대에 적응시켜 다시 표현한 것이다. 이미 바오로 서간에 개략적으로 알려져 있다. 사막 교부들은 아주 오랫동안 계속 기도를 수련했기에, 기도를 끈기 있게 하려면 방법이 필요하다는 것을 마침내 알게 되었다. 그들이 내적인 밀실로 들어가기 위해 따랐던 방법은 "오, 하느님! 오시어 나를 도와주소서." 같은 성경 구절을 반복하는 것이었다. 이것은 카시아누스의 「담화집」 10권에 기술되어 있고 관상지원단에서 능동적 기도active prayer 문장이라고 부르는 수련과 같다. 이것은 기본적으로 매일의 모든 활동 속에서 하느님과의 직접적인 접촉 안에 머무르고자 하는 수련이었다「사랑에로의 초대」, 「마음을 열고 가슴을 열고」(가톨릭, 2010) 참조].

향심 기도 방법과 더욱 가까운 방법은 카시아누스의 「담화집」 9권에 나타난 이사악 교부의 방법이다. 그는 이렇게 말했다. "우리는 특히 조심해야 한다. 복음의 말씀은 우리가 방에 들어가 문을 닫고 아버지께 기도해야 한다고 가르치고 있다." 전례자(공동체로 모여 기도드리는 사람)들은 이 문장에 어려움이 있을 수도 있다. 그렇지만 성인들의 통공과 신비체의 교리로 비추어, 혼자 하거나 다른 이들과 같이 하거나, 진정한 기도는 모두 전례라고 생각할 때 위안을 받을 것이다. 이사악 교부는 말했다. "우리는 생각과 걱정거리의 소용돌이와 소음에서 우리의 마음이 완전히 물러날 때, 주님께 비밀스럽고 친밀하게 기도드리고자 할 때 방에서 기도하게 된다. 또한 우리는 입을 다물고 완전한 침묵 속에서, 언어는 신경 쓰지 않으시고 우리의 마음을 깊이 들여다보시는 분에게 청을 드리고자 할 때, 문을 닫고 기도드리게 된다." 4세기 사막 교부의 이러한 가르침은 여러 세기 동안 '아레오파고스 사람 성 디오니시우스' 혹은 더 근세에 위-디오니시우스라 불리는 6세기의 시리아 수도승 데니스Denis가 쓴 「신비신학」 제5장에 나오는 무형 기도 전통의 대헌장의 전조가 되었다. 원래의 수도승들은 구조적인 생활 방식으로는 기도의 성장에 충분치 않음을 직관했다. 거기에는 내적 수련도 가미되어야 했다. 모든 그리스도교 관상 전통을 통하여 우리는 "방으로 들어가 문을 닫아라!"는 복음의 초대를 되새기게 된다.

향심 기도는 기도의 이 주류를 계승한 것이다. 이것은 「무지의 구름」에 기초를 두고 있지만, 나는 그리스도인의 다른 영적 고전과 함께 반향을 일으키는 향심 기도를 제시하면서 기본적인 요소들을 합치시켰다. 나는 거룩한 단어로 돌아갈 때 부드럽게 하라는 생각을 성 프란치스코 살레시오와 성 요안나 프란치스카 드 샹탈로부터 끌어냈다. 이 강조점이 「무지의 구름」에는 빠져 있다. 또한 나는 「사랑의 산 불꽃」(셋째 노래, 26-59절)에 나타난 십자가의 성 요한의 가르침에 상당히 귀를 기울였다. 그는 논리적 묵상에서 관상으로 넘어가는 과정을 기술하고 있다.

여러 세기를 통하여 무형 기도의 전통은 다소 조심스럽지 않게 다루어져 왔다. 때로는 한쪽으로, 때로는 그 반대쪽으로 치우치기도 했다. 그러므로 우리는 이러한 스승들의 가르침을 분별하지 않고서 맹목적으로 신뢰할 수만은 없다. 각 스승은 시대적이고 문화적인 영향을 어느 정도는 받았다. 전통적으로 볼 때, 우리는 교부들의 글을 어떻게 읽어야 하며 그 글들을 후기 저자들이나 현대 심리학과 어떻게 조화롭게 관계 지을 것인가 하는 것을 알아야 한다. 그러한 지식이 없는 저자들의 권고를 조심스럽게 대하면서 말이다. 이러한 현대적 지식을 갖추고 있는 지금, 우리는 그것을 사용해야 한다. 그것이 대부분의 현대인들이 이해하는 지식이다. 하지만 그렇다고 이를 단순히 자조적 프로그램self-help program으로 가르쳐서도 안 된다.

만일 사람들이 시간을 내어 소개 워크숍에 찾아왔다면, 그들은 무엇인가에서 영감을 받았을 것이다. 때로 그 영감은 같이 기도하고 대화하기에 적합한 그룹을 발견하는 호기심이나 희망일 수도 있다. 나에게는 그것 또한 성령께서 일하신 것으로 보인다. 사람들이 수련할 준비가 되어 있지 않으면 집에 돌아갔을 때 포기할 것이다. 그러나 만일 그들이 준비되어 있으면, 그 길을 계속 갈 것이고 관상지원단도 계속해서 자라날 것이다. 이 은사는 이제 불과 10년밖에 지나지 않았다. 어떠한 조직도 그런 짧은 기간에 자신의 가치를 입증할 수는 없을 것이다. 그러나 우리는 최소한 용기를 주는 표시들이 있음을 증명해 왔다.

조직망으로서 관상지원단은 일차적으로 과정이다. 이 과정은 관상 기도 경험에서 성장하는 사람들의 필요에 귀를 기울이는 것이며, 우리가 무지의 세계로 가는 여정을 지속하면서 그들에게 적절히 응답하고자 하는 것이다.

## 11장
## 성령 쇄신

오순절 운동은 1960년대 후기에 가톨릭 신자들을 끌어들이기 시작했다. 그것이 급속히 발전하면서, 바오로 사도가 초대 교회에서 자주 접했던 여러 가지 은사와 카리스마적인 사목을 보여 주었다. 그 운동은 가톨릭 신자들에게 성령 쇄신으로 알려졌다. 이 쇄신은 오늘날 가톨릭 신자들이 특별한 긴급성으로 경험하는 두 가지 욕구에 강한 힘으로 호소하고 있다. 여기서 두 가지 욕구란 기도의 욕구, 좀 더 정확하게 말한다면 기도 체험에 대한 욕구와 그리스도교 공동체의 일원이라고 느끼고 싶은 욕구를 말한다. 원래 본당 조직은 이러한 기본적인 욕구를 충족시키도록 되어 있다. 그러나 근래에 와서 신자 수가 많아진 곳에서는 이러한 열망이 적절하게 충족되지 않았다. 성령 쇄신 기도 모임에서 주는 공동체적 체험은, 생생한 상호 관심과 애정의 자발적인 표현과 함께, 온전한 그리스도인의 생활에 굶주렸던 많은 가톨릭 신자들에게 신선한 공기를 마시는 것과 같았다. 그러므로 이 쇄신은 상투적인 기도와 의식 형태에서의 자유와 영적 친구들 간의 격려와 지원, 그리스도의 살아 있는 표현으로서의 그리스도교 공동체에 대한 새로운 이해와 사랑을 가져 왔다.

이 쇄신의 결과로 생겨난 수많은 기도 모임에서, 어떤 것은 근본주의적인 방향을 보여 주기도 했다. 근본주의적 영향을 많이 받는 곳이면 어디서나, 바오로 사도가 코린토 신자들에게 보낸 첫째 서간 12장에 열거한 성령의 은사, 특히 방언의 은사를 강조하는 경향이 있었다. 그러나 가톨릭적인 영향을 우세하게 지키는 모임에서는 성령 칠은에 대한 지식과 이해의 열망이 솟아났다. 성령 칠은은 슬기, 통달, 의견, 지식, 용기, 효경, 경외심을 뜻한다. 그와 더불어 전통적인 가톨릭 신학에 기초를 두고 개념적 배경을 제시하려는 진지한 노력도 해 왔다. 이러한 관심으로 이 쇄신과 과거의 그리스도교 영성의 여러 형태, 특히 관상 기도와 신비 생활의 관계에 의문이 제기되었다. 쇄신이라는 맥락에서 지속적인 영적 성장을 위한 프로그램을 찾으려는 사람들에게 교회의 관상적 전통은 중요하게 할 말이 있다.

그러나 이들이 교회의 전통에 자신을 열 때, 쇄신 자체는 힘을 주시고, 위안을 주시며, 결코 포기하지 않는 영감으로 우리를 이끄시는 성령께 귀를 기울인다는 일차적인 영감에 충실해야 한다. 이

덕분에, 바오로 서간과 사도행전에 묘사된 초대 교회 공동체의 자발성이 이 시대에 재발견되었다. 사람이 되신 하느님의 말씀(그리스도)을 믿은 초기 신자들은 부활하신 그리스도 주위에 공동체로 모여, 성경 안에서 그분의 말씀을 듣고, 전례 안에서 이 의미를 기념하며, 성찬을 통해 사람이 되신 말씀 안으로 변형되었다. 성령의 현존은 은사를 의미하는 이러한 수단으로 이 회중 안에 생생하게 나타났다. 방언의 은사는 예수님에 대한 믿음과 세례를 받는 것과 함께 그분을 믿는 개인을 격려하고자 함께 주어지는 것 같다. 그래서 바오로 사도는 공공 예배 때 방언의 사용을 규제했다. 방언의 해석, 예언, 기적, 치유, 영성 분별, 말씀을 전하는 직책, 영감을 받은 가르침, 사목 직책, 다른 선물 등이 여러 그리스도교 공동체의 영적이고 물질적인 욕구를 위해 제공되었다(1코린 12,8-10 참조). 이러한 선물들은 각 공동체에서 직접 혹은 원로와 장로 직책을 맡은 사람들을 통해 분별되도록 했다.

관상 기도와 신비적 생활에 관한 교회의 가르침을 발전시키는 성령의 계속적인 활동은 이제 성령 쇄신으로 되살아난 성경적 모델 안에 정립되어야 한다. 불행하게도, 지난 2세기 혹은 3세기 동안 제시된 이러한 가르침들은 그리스도교 관상의 위대한 스승들의 지혜를 충실하게 보여 주지 못했다. 교회의 영성적 전통이 온전하게 쇄신하기 시작한 것은 제2차 바티칸 공의회 이후이다. 대부분의 사제들과 수도자들이 신학교나 수도원에서 배운 금욕에 대한 가르침은, 지난 수 세기를 통하여 교회에 해독을 입혔던 이단적 가르침에 어느 정도 영향을 받고 있었다. 동시에 교회의 영적 스승들의 신비주의에 대한 가르침은 거의 완전히 무시되었다. 그 결과, 교회는 지난 수 세기 동안 영적인 사막이었고 단단한 음식인 관상 기도로 자녀들을 양육하지 못했다.

이러한 것을 보여 주는 의미 있는 표지는, 지난 수십 년간 종교적 훈련과 환경 안에 미흡했던 관상적 차원을 찾아 동양 종교로 향했던 많은 무리의 가톨릭 신자들을 통해 발견되었다. 전통에 충실하면서도 현대적인 언어와 이해로 표현되는, 그리스도인을 위한 영적 여정의 원칙에 있어 새로운 형식이 긴급히 요구되었다. 이러한 형식은 과거의 이단적인 사상에서 받은 부정적인 영향을 철저하게 피해야 했다. 마니교(아우구스티노의 금욕적 가르침에 침투되었다), 얀센주의(17세기부터 지금까지 프랑스와 아일랜드 신학교에 암울한 영향을 미쳤다), 데카르트 사상(Cartesianism, 서양 문명에서 극단적인 이원론을 형성하는 데 결정적인 영향을 미쳤다), 율법주의(교회가 현대 세계로 넘어가는 것을 지연시켰다) 등이 그와 같은 이단적인 사상에 속한다. 새로운 형식은 신학과 성경 연구에 관하여 이루어진 현대적 발전을 전반적으로 고려해 넣은 것이라야 하며, 특히 인간의 발달과 그에 따른 영성 생활에 직접적으로 관련된 심리학적·사회학적 통찰을 철저하게 고려해야 한다. 향심 기도의 방법과 개념적 배경을 발전시키면서, 나는 이러한 긴급한 요구들을 다루려고 시도했다.

교회는 언제나 전해 받은 교리와 실천 사항에다 그때그때 당시의 지식과 경험을 융화시키는 과제에 당면해 왔다. 새로운 과학이 급격히 확산되고 정보가 폭주하기에 이러한 과제가 점점 더 어려워지고 있기는 하지만, 그렇다고 교회가 이러한 책임을 피할 수는 없다. 시대의 표징에 신속하고 영감적으로 반응하는 능력과 모든 문화의 진정한 인간 가치를 흡수하고 통합하는 능력은, 확대되는 인류의 가슴과 마음에 들기 위해 교회가 계발해야 하는 카리스마이다. 서기 15년경의 예루살렘 공의회는 이러한 카리스마가 작용한 하나의 예이다. 그들의 결정에 성령께서 직접 영감을 주신다는 것을 사도들이 확신했던 것에 주목해야 한다. 이제 방향을 돌려 성령 쇄신의 영성과 관상 기도와 신비 생활에 관한 교회의 전통적인 가르침의 관계를 살펴보자. 성령 세례는 성령이 공식적으로 주도하시어 은사적인 경험으로 들어가게 하는 것과 같다. 어떤 이들은 분명한 준비 없이도 이 은총을 받았다. 말하자면, 그들은 그저 우연히 참가했다가 처음 모임에서 성령의 현존과 예수님 현존에 부딪치면서, 많은 경우 혼란스러워하고 당혹해한다. 이러한 경험은 사도행전에 나오는 즉각적인 회두를 떠오르게 한다. 성령 세례는 분명히 이전에 예수님과 성령의 관계에 극적인 변화를 가져왔다. 개개인의 회두는 매우 다양하겠지만, 많은 사람들이 다음과 같이 자신의 경험들을 보고하고 있다. 즉, 하느님께 사랑받고 있다는 강한 인상, 자신의 죄가 완전하게 용서받았다는 확신, 예수님이 역사 속의 추상적인 인물이 아니라 진정한 인물이라는 인식을 갖는 것, 덕을 실천하기가 더 쉬워졌다는 것, 성경과 전례에 담긴 하느님의 말씀을 더욱 사랑하고 이해한다는 것, 하느님을 찬양하고픈 절실한 욕망, 예수 그리스도는 주님이시며 구원자이시라는 것을 증언하고픈 열정 등이다. 이들과 유사한 다른 징조들은 성령의 특별한 활동을 분명히 표시한다. 그것은 전통적인 그리스도교 영성으로 말하자면, 신비로운 은총의 표시라고 할 수 있다.

물론 이러한 뛰어난 성향에 이르는 데 점진적으로 가는 길도 있다. 집중적인 종교적 수련을 장기적으로 하는 동안, 신실한 회개 이후에, 수도 공동체의 양질의 수련 과정에서도 비슷한 결과가 나온다. 이러한 회개의 핵심적 징조는, 그것이 성령으로 세례를 받으면서 즉각적으로 왔든지, 꾸준히 덕을 수련해서 왔든지 간에 그리스도교 수련으로 추구해야 할 목표에 대한 심오한 직관을 제공한다는 것이다. 이는 자신의 삶이 그리스도를 따르는 삶이어야 한다는 근본적인 방향으로 선회하는 데 있어 추진력이 된다. 성령 세례가 영성 발전에서 진전된 상태를 주는 것은 아니지만, 이는 관상 기도로 오라는 부르심을 나타낸다. 만일 방언의 은사를 성령 세례 때 받는다면, 관상 기도 방향으로 가야 하는 계기가 주어진 것이다. 이 방언의 은사를 가진 사람들이 자신의 의지에 따라 방언으로 기도할 수는 있지만, 그들은 자신들이 하는 말의 의미를 이해하지 못한다. 단순히 자신들이 하느님께 기도하고 찬미 드린다는 것을 인식할 뿐이다. 이렇게 하느님께 단순하면서도 사랑하는 마음으로 주의를 드리는 것이 바로 관상 기도의 시작이다.

교회의 관상 전통은, 관상 기도가 그리스도인의 생활을 실천하는 데서 오는 자연스러운 진전이라고 가르친다. 방언의 은사를 사용하는 것과 하느님의 말씀을 성경으로 읽으며 묵상하는 것들은 자연히 내적인 침묵과 기도로 이끌어 간다. 기도 모임이나 개개인도 이러한 과정을 체험한다. 어떤 회두 체험을 통하여 그리스도께 투신한 이후에 처음 경험하는 열정과 마찬가지로, 성령 세례로 흘러 들어오는 처음의 열정이 점차 자리를 잡아 가면서 기도와 헌신의 수련은 차츰 메말라 가는 경향이 있다. 논리적 묵상이 어려워지고, 영적인 수련이 지루해지며, 개인적인 기도나 기도 모임에서 하는 기도에 대해 안절부절못하는 마음이 눈에 띄게 나타난다. 이러한 징조들은 십자가의 성 요한이 「어둔 밤」(기쁜소식, 2005)에서 고전적으로 묘사한, 감각의 어둔 밤으로 들어간다는 의례적인 표시이다.

영적 여정의 이러한 중대한 시점에서, 죄의 뿌리로부터 오는 정화에 대한 교회의 전통적인 가르침이 기도 모임 회원들에게도 중요하다. 그렇지 않으면 그들은 기도 역시 포기하게 될지도 모른다. 그들이 이렇게 건조하기만 한 시기를 경험할 때는, 자기 안에 있는 부활하신 그리스도의 생명이 자라는 데 이러한 시기가 필요하다는 사실을 보도록 용기를 불어넣어 주어야 한다. 향심 기도 안에서 발전된 모델에서 볼 때, 이러한 메마름의 기간은 무의식을 정화하는 여정의 부분이라고 설명되어 있다. 이러한 정화가 없으면, 회두했을 때 처음 경험한 것들은 예수님이 말씀하신 씨 뿌리는 사람의 비유에서 바위에 떨어진 씨와 같은 운명을 겪어야 한다. 이러한 메마름의 시기를 바라보는 다른 방법은 파스카 신비를 더욱 친밀하게 나눈다는 것이다. 바오로가 필리피 신자들에게 보낸 서간 2장 5-10절에서 묘사한 그리스도의 비우심이 그들 안에도 들어온 것이다. 이것은 예수님이 말씀하신 반죽을 부풀게 하는 누룩의 비유와 같다. 겸손이 자라면 다른 사람들에 대한 사랑도, 하느님께 대한 순명도, 하느님께 대한 신뢰도 자라면서 자아를 내드리도록 이끌리게 된다.

영적인 발전에서 이와 같이 중대한 시기에는 방언과 예언과 치유 등과 같은 성령의 은사와 성령 칠은 사이의 구별을 명백하게 깨닫는 것이 중요하다. 바오로에 따르면 은사들은(방언의 은사를 제외하고) 지역 공동체 건설을 위해 쓰이도록 되어 있다. 이러한 은사를 받은 사람들이 거룩하다거나 그 은사를 사용하여 거룩해진다는 것이 아니다. 만일 여기에 집착하면 은사들은 오히려 영적 성장에 방해가 된다. 한두 가지 은사를 받은 사람들은, 그것이 하느님께서 그들을 성화시키시려는 계획의 일부임이 분명하므로 이에 감사드려야 한다. 그러나 그들은 이 은사들을 사용함에 있어 초연해지고 자신들이 특별한 은사를 받은 사람이라는 것에 대해 자만하지 않는 법을 배워야 한다. 일반적으로 이러한 인간적인 성향을 다루시고자 하느님은 충분히 외적인 시험을 주신다. 예언자, 치유자, 사목자는 반대에 부딪치면서 커다란 이익을 얻을 수 있다. 그 이유는 그들이 자신들의 은사를 황홀하게 생각하는 데서 자유로워지고 그들 자신을 겸손하게 유지하도록 만들어 주기 때문이다.

  참행복은 성령의 더욱 심오한 표현이며 믿음과 하느님 사랑의 확장과 함께 성숙한 그리스도인의 가슴속에서 성장한다. 참행복의 변형적인 길을 통하여, 성령께서는 인간의 이성이 주저하는 것을(믿음으로 깨우쳤음에도) 신적인 영감의 확실성으로 바꾸어 주신다. 성령의 움직임을 이해하고 협조하는 수단으로 성령의 열매와 참행복을 깊이 연구해야 한다. 성령만이 거룩함으로 이끌어 주시기 때문이다.

그리스도인의 변형은 신덕, 망덕, 애덕이라는 삼덕의 힘 아래에서 일어난다. 성령 칠은은 이러한 덕들이 거룩하게 제 역할을 다하도록 들어 올려 준다. 즉, 하느님이 보시고, 느끼시고, 분별하시고, 사랑하시는 것과 같은 방법으로 보고, 느끼고, 분별하고, 사랑한다. 결국은 하느님의 사랑이 자신의 의식적 생활과 활동의 원천이 된다. '나'는 더 이상 동기의 중심이 되지 않는다. 그리스도께서는 변형된 우리의 인간 속성 안에서, 그 속성을 통하여 당신 자신을 드러내신다.

  바오로 사도 또한 그리스도의 몸을 건설하고자 주어진 성령의 은사와 하느님 사랑의 풍부한 선물 사이의 구분을 강조했다. 그에 따르면 성령의 은사를 받은 사람이라 해도 하느님의 사랑이 없으면 아무것도 아니라고 했다(1코린 13,1-3). 그러므로 성령 기도를 하거나 은사를 행하는 데 있어 신덕, 망덕, 애덕이 성장하도록 지향해야 한다. 성령 세례의 은총을 통하여 하느님이 보여 주신 당신과의 일치로 부르시는 분명한 초대에 충실하려면, 영적 발전의 이차적인 징후로 인해 방향이 틀어져서는 안 된다. 더욱이 가장 진실한 성령의 은사라고 해도 분별이 필요하다. 공동체나 공동체의 대표들은 이러한 은사들이 은총에서 왔는지, 아니면 무의식의 자연적인 에너지에서 나왔는지를 분별할 의무가 있다. 이러한 은사를 가진 사람들은 공동체의 선한 이익을 위하여 그 분별에 기쁘게 자신을 맡겨야 한다. 그렇지 않으면 은사를 행하는 것이 그리스도의 몸을 건설하는 수단이 되기보다는 공동 이익을 파괴할 수도 있기 때문이다.

개인의 영적인 발전 수준에 상관없이 누구에게나 주어질 수 있는 성령의 은사 외에, 소위 '신비 현상'이라는 것이 있다. 투시, 말씀을 듣는 것, 환시, 부양, 황홀경 등이 여기에 속한다. 이들은 존재론적인 무의식에서 솟아나는 거룩함과 접촉함으로써 영적 발전이 동반되기도 한다. 그러나 이것들 또한 성령 칠은으로 촉진되기 시작한 내적 변형의 은총에 비하면 별로 중요하지 않다. '신비 현상'이 비상하고 때때로 남의 눈에 띄는 특성이 있어, 그러한 현상을 보이는 사람들을 미성숙한 신비가로 만들 위험이 있다. 영적 성장에 앞선 사람들마저 이러한 현상에서 자기만족을 피하기란 어렵다.

성령 쇄신도 영적인 길에서 무엇이 필수적이며 무엇이 우발적으로 일어나는 것인가를 구분하기 위해, 관상 기도의 지식과 개인적인 경험을 통하여 철저히 자격을 갖춘 영적 지도자를 필요로 한다. 영적 지도자들은 하느님께서 누군가를 언제 내적 침묵과 고독으로 부르셨는지, 언제 고독에서 나와 특정한 사목 활동이나 봉사를 하도록 부르셨는지 알아볼 수 있어야 한다. 비록 일정 기간 기도 모임에 참석하지 않는 것을 뜻한다 해도, 사람들이 내적 침묵으로 기도하라는 이끄심에 따르도록 격려해 주어야 한다. 자기 삶의 의무 때문에 기도 모임에 참석하지 못하지만, 스스로 관상 기도를 수련할 시간이 있는 사람들의 경우에는 더욱 필요하다. 기도 회원의 기도가 성장하는 모임에서는 전례 중이나 기도 중에 침묵을 도입하는 것이 중요하다. 복음의 관상적 차원이 발달할 수 있는 공간을 허용하는 것이 그리스도교 공동체에 투신하는 데 긴요한 부분이다.

현대 교회의 영성 쇄신에서 가장 두드러진 공헌 중 하나는 성경에 대한 열성이다. 성경 읽기는 쇄신과 관상 기도의 고대 전통 사이에 다리를 놓기에 가장 좋은 곳이다. 하느님의 말씀이 그리스도교 관상의 원천이다. 말씀을 고도로 집중하는 수준에서 경청하는 것이 관상 기도의 전통적인 실습 방법이다. 거룩한 독서의 고전적인 수도원 수련에서, 주의 깊고 유순한 태도로 성경을 읽으면 거룩한 말씀에 깊이 빠져들게 하고, 믿는 이의 가슴을 움직여 자발적인 기도로 응답하게 한다. 정기적인 수련을 통해 주의가 지향으로 바뀌어 가면(즉, 능동적인 자세에서 수용적인 자세로 기도의 자세가 변해 가면—옮긴이 주), 하느님의 사랑은 사색과 특정한 헌신 같은 행위들을 하느님 안에서 쉬는 하나의 단순한 행위로 대치해 주는 경향이 있다. 거룩한 독서에서 하느님 안에서의 쉼으로 옮겨 가는 움직임은 기도 생활이 깊어지게 하는 움직임의 하나다.

복음의 관상적 차원을 발달시키기 위해, 성령 기도를 하는 사람들은 이 말씀이 그들 안에도 내재하고 있음을 기억하면서 성경 안의 하느님 말씀을 더 깊이 경청해야 한다. 하느님의 외적인 말씀과 내적인 말씀 사이에는 상반되는 것이 없다. 그것들은 서로 확인해 주고 강화시켜 준다. 내적 말씀은 고요 속에서, 즉 사랑의 단순명쾌함 안에서 말씀하신다. 복음 선포나 성경을 개인적으로 읽으면서 표현된 말씀은, 하느님 아버지의 무한한 침묵에서 울려 나와 나의 가장 깊은 존재 안에 현존하시는 그 말씀과 같은 말씀이며, 거기에서 그분은 성경이 의미하는 거룩한 신비를 이해하도록 우리를 깨우쳐 주신다. 우리는 생각을 거부하는 것이 아니라, 스며드는 성령의 현존에 이끌릴 때 생각을 넘어선다.

필요한 것은 하느님에 관한 자신의 고정 관념에서 초연해지는 것이다. 그 이유는 성경은 하느님이 이해할 수도 없고, 무한하시며, 말로 형언할 수 없는 분이라고 말하기 때문이다. "나를 무엇에 다 비기려느냐?"(이사 40,18 참조) 이사야의 이 예언에 주석을 달면서 십자가의 성 요한은, 만일 우리가 하느님께 가는 것을 지나치게 관념에 의존하면 인간적인 투사(投射, 하느님을 있는 그대로 보기보다는 자신의 관점과 개념과 상상에 비추어 보는 위험을 말한다—옮긴이 주)에 빠질 것이며, 이는 구약에서 하느님이 강하게 단죄하셨던 우상 만들기와 같은 잘못에 빠지는 것이라고 경고했다. 우리는 하느님을 있는 그대로 받아들여야 한다. 어떠한 개념에 대한 집착에서 정화된 믿음, 그리고 가장 영적인 위안이라도 그것에 대한 집착에서 정화된 사랑은 하느님과의 일치의 즉시성 안에서 그분을 알게 된다. 관상 기도는 하느님과의 일치로 가는 데 가장 좋은 수련이다. 이것은 하느님을 포기하거나 떠나가지 않으면서 기다리는 것으로 증명하는 순수한 믿음, 순수한 신뢰, 순수한 사랑의 훈련이다. 이는 바오로 사도의 말씀대로 '낡은 인간', 즉 거짓 자아를 떠나보내고 '새 인간'을 내 안에 계시는 성령의 힘에서 동기를 얻어 건설하는 일이다.

부활하신 그리스도는 그분의 영적인 인상에 내적으로 귀를 기울이도록 우리를 가르치기 위해 밖으로부터 말씀하신다. 관상적 삶은 하느님의 현존 안에 사는 것뿐만 아니라 현존 밖에서도 사는 것이다. 우리는 믿음과 희망과 하느님의 사랑에 힘입어 이루어지는 변형을 통해 하느님의 말씀이 된다. 그러면 우리는 바로 우리의 존재로 그리스도를 증거하게 될 것이다.

## 12장
# 향심 기도의 신학적 원칙

향심 기도는 어디에서 오는가? 우리 안에 계신 하느님의 생명에 그 뿌리가 있다. 우리는 하느님에 대한 열망으로 이것을 알고 있다. 하지만 그 열망은 아무리 일상에 지쳐 있다 해도, 기도 생활과 기도로 침투된 활동의 삶을 발전시키려는 노력 안에서 드러난다.

향심 기도는 우리 안에서 움직이는 하느님의 생명으로부터 온다. 그것은 우리와 그리스도의 관계가 깊어지게 해 준다. 우리가 향심 기도 수련을 통해 성장하면서 거룩한 독서와 다른 봉헌 기도, 특히 성사 안에서 이루어지는 그리스도와의 관계는 그 친밀함에 있어서 새로운 깊이와 수준으로 움직여 간다.

향심 기도는 그 효과에서도 교회적이다. 그리스도의 신비체 안의 모든 사람은 물론 전 인류 가족과 연대를 맺는다. 참으로 개인 기도란 것이 없다. 우리는 이 깊은 수준에서 전 인류 가족의 모든 사람, 특히 어려움을 겪는 사람들을 끌어안아야만 기도할 수 있다. 또한 우리는 어떤 형태의 공동체 안에서 다른 사람들과 이루는 이러한 연대와 일치의 감각을 표현할 필요를 느낀다. 12장에서는 현존하시고 활동하시는 하느님에 대해 깊어지는 경험인 향심 기도의 신학적 원칙을 어떻게 우리의 삶에서 실현시키는가를 살펴보겠다. 영적 여정은 일생 동안 초월적인 실재 안으로 들어가고 그것에 점차 동화해 가는 움직임이다.

향심 기도는 삼위일체로 제시되는 무조건적인 깊은 사랑으로 들어가는 방법으로, 그리스도와의 실존 관계에서 온다. 우리가 향심 기도를 하려고 앉으면, 우리 안에 있는 하느님의 생명과 연결된다. 거룩한 단어는 내면에 하느님이 현존하시고 활동하심에 동의한다는 신호다. 이것은 마치 영적인 의지가 스위치를 켜는 것과 같은, 말하자면 우리의 유기체 안에 있는 전류(거룩한 생명)가 돌고 신성한 에너지가 흐르는 것과 같다. 그것은 이미 거기에서 활성화되기를 기다리고 있다. 그러므로 우리가 내면의 삼위일체의 현존 안에 앉으면, 우리의 기도는 그리스도와의 관계 안에서 펼쳐진다.

향심 기도의 원천은 세례 때나 은총의 상태에 들어갔을 때 시작된, 우리 안에 계신 하느님의 생명인 삼위일체이다. 가장 거룩한 성삼위가 우리 안에 내재하신다는 교리가 영성 생활의 가장 중요한 원칙이다. 이것은 하느님의 생명을 우리에게 전달해 주셨음을 뜻하며, 현대 과학의 비유를 들자면, 이 전달이 높은 주파수이기에 일상적인 기능의 수준을 넘어 이루어진다. 그것은 오직 순수한 믿음으로만 하느님의 현존에 온전하게 접촉할 수 있다.

삼위일체 교리에서는 한 하느님 안에 있는 세 관계를 말한다. 전통은 이들을 성부, 성자(아버지의 영원한 말씀), 성령이라고 부른다. 이것이 그리스도교 신앙의 기본적인 신비다.

이러한 문맥에서 '아버지'는 아름답고 선하고 진실한 모든 인간관계를 품어 안으시는데 특히 돌보심, 즉 '원천이 되심'의 의미를 불러일으킨다. 수 세기에 걸쳐 삼위일체 교리는 여러 가지 많은 신학적 모델로 발전되어 왔다. 이러한 모델에서 추리해 보면, 하느님은 모든 잠재력의 바탕이 되신다는 사실을 확인할 수 있다. 삼위일체 안에 있는 그 잠재력이 활성화actualization된 것이 말씀이다. 그 말씀은 아버지이심의 모든 것을 있는 그대로 온전하게 드러내 보여 주는 그 자체이다. 어떤 의미에서, 아버지가 말씀으로 이르시기 전에는 아무것도 아니었다. 그분은 당신 자신의 내적인 말씀인 아들 안에서만 당신이 누구인지를 아신다. 성령은 아버지와 아들 사이에서, 온전히 자신을 내주면서 흘러나오는 사랑의 공동 결속이다. 다른 말로 하면, 아버지의 비우심은—즉, 무한한 잠재력 속에 담긴 모든 것을 활성화하는— 삼위일체 안에 표현된 영원한 말씀(예수 그리스도) 안에서 완전히 드러난다. 아버지는 당신을 아들에게 부어 주신다. 그래서 그분 안에는 아무것도 남아 있지 않다고도 말할 수 있다. 삼위의 상호내재circumincession라고 하는 교리의 전통적인 신학에서, 아버지께서는 당신 안에 사는 것이 아니라 아들 안에 산다고 가르치신다. 아들은 다시 완전하고 자유롭게 자신에게 넘겨진 이 엄청난 선을 대하면서, 끌어안음과 같은 것으로 자신을 아버지께 돌려드린다. 이것을 어느 교회 교부들은 아버지와 아들의 "가장 달콤한 입맞춤"이라고 표현했다. 성령은 아버지와 아들의 사랑이며, 말하자면 그분들이 공유하는 가슴이다. 삼위일체 안에서는 자아가 없으며 모든 것이 자아를 내주게 한다. 모든 것이 선물이며 사랑이다. 그래서 요한 사도는 "하느님은 사랑이시다."고 확증했다.

아버지가 영원한 말씀 안에서 당신을 드러내 보이시는 것과 같은 움직임으로, 모든 창조물은 말씀 안에서 말씀을 통해 존재하게 되었다. 그러므로 말씀은 존재하는 모든 것의 창조적인 원천이며(요한 복음서 머리글 참조), 그 원천은 창조의 여러 수준에 따라 다른 방법으로 스스로를 표현한다. 창조는 무한한 실재의 여러 가지 표현으로 이루어져 있다. 그러면서도 실재는 결코 닳아 없어지지 않는다.

육화하심으로써 말씀이 자신을 비우심은, 당신의 내적인 말씀을 표현하시면서 언제나 하시는 것을 가시적으로 표현하신 것이다. 그 표현이 창조 안에서 일어날 때는 비우심으로 표현되어야 한다.

그래서 하느님의 사랑은 창조 안에 들어오면서 십자가에 못 박혀야 했다. 그 이유는 아버지가 어떤 의미로 죽지 않으시면 그 사랑이 이 창조 세계의 어떠한 모양으로도 온전하게 표현될 수 없기 때문이다. 하느님은 창조하시면서 어떤 면에서는 하느님이기를 중단하셨다. 그분은 최소한 창조 이전의 하느님이기를 중단하신 것이다. 각각의 피조물은 하느님 표현의 절대적인 충만함인 영원한 말씀의 아름다움, 선함, 진리를 나타낸다. 때문에 하느님은 창조에 온전하게 개입하셔야 했다. 예수 그리스도는 이렇게 비상한 사랑의 가장 충만한 표현이므로, 우리는 이를 무조건적인 사랑 혹은 신적인 사랑이라고 부른다. 이것이 그리스도교 신비의 핵심이다. 이 신비는 지적인 퍼즐이라는 뜻이 아닌, 경탄과 경외라는 의미로 표현될 수 없는 기쁨을 전달하면서 유일하고 적절한 우리의 응답으로 온전한 승복을 요구한다. 삼위일체의 관계는 그 본성으로, 무조건적이고 온전하게 자아를 내드리는, 하느님 사랑의 흐름 안으로 우리를 초대한다. 이러한 끝없는 사랑은 성부에게서 나와 성자에게로 들어가고, 성자를 통해 모든 피조물에게 전해졌다. 모든 사람을 하느님 사랑의 강물로 들어오라고, 아니면 최소한 영원한 생명의 강물로 뛰어드는 모험을 하라고 부르셨다. 거짓 자아를 떠나보내면, 우리는 언제나 흐르면서 끝없는 은총의 선물을 내주는 이 사랑의 강으로 들어가는 것이다. 더 받으면 우리는 더 줄 수 있다. 우리가 줄 때 더 많이 받을 공간을 자신에게 여는 것이다.

이렇게 엄청난 과제가 피조물, 특히 인간의 생명 안으로 옮겨졌을 때 우리는 어려움 속으로 빠져든다. 그 이유는, 하느님의 현존과 조건 없는 사랑을 친밀하게 경험하지 못한 채 온전한 사색적 자아의식에 도달했기 때문이다. 이것이 내가 '영적 여정'이라는 비디오테이프와 「사랑에로의 초대」라는 책에서 강조해 온 점 중 하나이다. 즉, '하느님과의 친밀한 경험 없이, 신적인 생명을 의식적으로 나누는 것 없이 온전한 사색적 자아의식을 갖게 되었다는 것'이다. 우리가 앉아서 우리의 거짓 자아를 강화시키는 생각과 감정의 일상적인 흐름을 떠나보내면서 관상 기도를 하면, 우리의 지향성으로 내면에 이미 현존하시는 신성한 영에게 가슴이 열린다. 그래서 하느님이 누구이신지 알기 시작한다. 신적인 생명은 실상 24시간 내내 우리 안에서 진행되고 있다. 불행하게도, 우리는 거부하고 반대하는 습관이 있어 훈육적이고 정규적인 기도 수련 없이는 이에 대한 접근이 지극히 어렵다.

그래서 향심 기도의 원천은 어떤 열망이나 기대, 멋진 이상이 아니라 바로 지금 우리가 믿는 만큼 우리 안에 현존하시는 신적인 생명의 초월적 실재 transcendent reality이다. 이 놀라운 선물은 세례와 하느님에 대한 열망 가운데 주어진다. 후자는 감히 말하거니와, 그리스도인들과 같은 방법으로 하느님의 이름을 부르지는 않지만, 궁극적 실재Ultimate Reality와 일치로 들어가고자 하는 열망을 가진 많은 사람들(즉, 비 그리스도인들―옮긴이 주)에게도 해당된다.

우리가 앉아서 향심 기도를 할 때 아무것도 하지 않는 것처럼 보이지만, 사실 모든 기능 중에서 가장 중요한 것을 하고 있는 것이다. 그것은 바로 우리가 우리의 존재로 되는 것, 즉 하느님 말씀의 독특한 표현이자 성령께서 만드시려는 모습으로 되는 것이다.

삼위일체의 삶이란 우리가 맞춰 들어가는 어떤 전략이나 프로그램, 인위적으로 짜인 규범이 아니다. 그것은 오히려 은총의 활동으로서 내적 자유이다. "죄를 짓지 않을 자유를 가졌다."고 한 아우구스티노 성인의 말처럼, 그러한 자유를 경험하게 만들어 주는 것이다. 죄를 짓지 않을 자유란, 조금도 거짓 자아에 의해 기능하지 않는 것을 말한다. 이것이 하느님의 자녀가 지니는 자유이다.

향심 기도의 원천은 삼위일체의 삶이다. 그러므로 이 기도 속에서 우리는 말하자면, 핵심과 접촉하는 것이다. 이 핵심은 객관적으로, 즉 진정으로 우리 안에 현존하시는 생명이며 우리는 신덕과 망덕과 애덕으로 접근하려는 것이다. 이러한 향주삼덕을 훈련하는 것은 성령이 우리 안에서 더욱 깊은 수준의 하느님에 대한 앎을 깨우쳐 주시고자 사용하시는 변형적 역동, 바로 그것이다. 바오로 사도는 "믿음은 우리가 희망해 온 것들을 확증해 줍니다."(히브 11,1 참조)라고 했다. 이것은 자아를 내드리는 길을 제외하고 다른 방법으로 우리가 느끼거나 알기 전에, 하느님과 일치되어 있다는 사실에 보이지 않는 확신을 갖는 것이다. 이것이 바오로 사도가 말한, 하느님이 부어 주시는 사랑에 가슴을 열어 드린다는 것이다. "이 희망은 우리를 실망시키지 않습니다. 우리가 받은 성령께서 우리의 가슴속에 하느님의 사랑을 부어 주셨기 때문입니다."(로마 5,5 참조) 그러므로 관상 기도 생활을 준비하는 것으로서의 향심 기도의 원천은 삼위일체의 삶 그 자체로서, 그 삶은 우리 안에서 진행되면서 하느님을 바라고, 진리를 찾고, 기도하려는 열망으로 나타난다.

은총의 이끄심은 여러 가지 다양한 모양과 측면이 있겠지만, 그리스도인의 생활이라는 맥락에서는 예수 그리스도께 초점을 맞추는 것이다. 이것은 믿음으로 앉아 기도하면서 우리 안에 현존하시는 하느님께 온전히 나 자신을 열어 드리면, 파스카 신비의 역동을 나누게 된다는 뜻이다. 다른 말로 하면, 향심 기도 중에 의도적으로 침묵과 고독 속으로 들어가면서 거짓 자아와 행복을 위한 정서 프로그램으로 행동하기를 중단할 때, 특별한 방법으로 파스카 신비에 잠겨 들어간다는 뜻이다. 파스카 신비는 그리스도의 고난과 죽음과 부활로서, 하느님이 누구이신가를 가장 완전하게 드러내며, 인간이 알아들을 수 있는 범위 안에서는 가장 잘 표현된 것이다. 예수님의 비우심은—참으로 이 비우심은 창조 안에서의 활성화이다—절대 실재이신 분께서 무한히 비우시는 것을 보여 주는 가시적인 상징 혹은 표시다. 무한한 선이신 절대 신비는 사랑으로 자신을 던져 버린다.

　모여서 향심 기도를 하는 공동체의 중심에는 부활하신 그리스도가 계신다. 그분은 우리의 눈이나 상상이나 감각으로 보이지 않지만 거룩한 경당을 방문했을 때 그 경당 안에, 아니면 우리의 가슴 속에서 그분의 현존을 강하게 느끼듯이, 우리는 영적인 수준에서 그분의 현존을 직감한다. 하느님에 대한 열망을 깨우쳐 주는 어떤 단어나 생각을 넘어서 현존하신다는 깊은 확신이, 바로 우리 안에서 진행되는 하느님의 생명이다. 거룩한 사랑이 식어 가는 것처럼 보일 때, 성찰의 불꽃이나 행복의 불꽃을 우리의 허기진 기능 속에 떨어뜨려서 하느님 사랑의 불길을 일깨워 준다.

　사랑을 거부하고 이기심을 절대적인 가치로 받아들이는 세계 속에 우리는 살고 있다. 사회로부터의 압력이 양육, 교육, 문화를 통해 계속 스며들고 있다. 이 사회는 전체가 신적이지 않은non-God 요소로 가득 차 있다.

　맨 먼저 우리는 모든 세속적인 유혹, 심지어 영적 여정에도 끼어드는 이 유혹을 떠나보내면서 있는 그대로의 우리, 우리가 바라는 모습이 되려는 내적 자유를 확인해야 한다. 우리는 이 여정과 하느님과의 관계 안으로 자신의 거짓 자아를 데려온다. 아마도 여러 해 동안 하느님과 우리의 관계는, 아동기의 특성인 마술적인 방법으로 하느님을 다루어 왔기에, 상호 의존적이었다. 관상 기도의 아주 중요한 열매 중 하나는 하느님에 대한 어린이 같은 아이디어가 정화되는 것이다. 하느님에 대한 아이디어가 확장되면, 거기에는 하느님을 표현하는 단어나 방법이나 제스처 등이 없다. 그러므로 우리는 침묵 속으로 들어가는데, 이 침묵은 실상 우리가 처음부터 있어야 했던 곳이다.

하느님의 첫 번째 언어는 침묵이다. 삼위 안에는 영원한 말씀 이외에는 아무 말도 없고, 이 영원한 말씀에 모든 것이 담겨 있다. 십자가의 성 요한은 이렇게 말했다. "그것은 딱 한 번 언급되었는데 절대 침묵 속에서 이루어졌다. 그래서 우리는 침묵 속에서만 그것을 듣는다."

우리는 이러한 침묵으로 올라가야 한다. 이 언어는 인간이 가르치는 어떠한 언어로도 배울 수 없다. 우리는 스스로 가르쳐야 한다. 향심 기도의 일차적인 가르침은 기본적으로 아주 단순하며 두 단어로 표현할 수 있다. 바로 "그것을 하라."이다. 그러면 그것은 당신을 가르칠 것이다. 그러나 이는 매일 해야 한다. 우리를 짓누르는 다른 영향을 고려할 때, 이는 극히 중요하다. 우리는 살면서 때로 선택을 해야 하고 우선순위를 정해야 한다. 일단 우리가 그리스도를 기도의 기본적인 초점으로 삼은 이상, 선과 악 사이에서 선택하는 일은 없고 좋은 것good, 더욱 좋은 것better, 가장 좋은 것 best 사이에서 선택해야 한다. 처음 시작했을 때 우리가 사용했던 훈련 방법은 더 좋은 도구가 요구될 때 버려야 한다. 더욱이 은총의 도움으로 우리의 기능이 한계에 다다른 후에는 마침내 가장 좋은 도구로 옮겨 가야 한다. 거기에서 아무것도 하지 않고 있으면, 침묵이 우리 안에서 모든 것을 해 준다.

그리스도께서 향심 기도의 초점이 되신다는 사실에 또 다른 중요한 측면이 있다. 기도할 때 우리가 지향하는 것은 그리스도의 현존에 우리 자신을 열어 드리는 것이다. 그리스도의 고난과 죽음과 부활은 그 어떤 사건보다도 삼위일체의 신비를 잘 드러낸다는 것을 기억해야 한다. 우리는 향심 기도 중에, 어떠한 감정이 일어나고 생각이 지나간다 해도 우리의 지향이 그 현존에 동일시하려는 것인 한, 그리스도의 현존과 동화하고 있는 것이다.

나는 그리스도의 고난이 인류의 비참함이라고 이해한다. 그분은 인간의 모든 결과를 스스로 짊어지셨는데, 가장 큰 것은 하느님과 결별했다는 느낌이다. 이것은 그분이 십자가 위에서 "나의 하느님, 나의 하느님, 어찌하여 나를 버리셨나이까?" 하고 외치셨을 때 가장 절망적으로 느끼셨던 정서이다. 이 순간에 제자들은 모두 도망쳤고 그분의 메시지는 산산조각이 났다. 그분은 종교 지도자와 로마 당국에 의해 단죄되었다. 인간적으로 말하자면 그분의 메시지는 남은 것이 없다. 왜? 십자가 위에서 그분이 부르짖으신 것은 하느님과 절망적으로 결별했다는 우리의 부르짖음이며, 그분은 이 부르짖음을 당신의 것으로 만드시고 부활로 변형하셨다. 우리가 앉아서 견뎌 내고 아픔이 올라오도록 허용하면, 우리 안에서 고통 받으시고 우리를 구해 주시는 것은 그리스도이심을 알아차리게 된다.

이것은 중요한 점이다. 우리가 기도하기 위해 앉으면 그저 그리스도와 마주보고 앉아 있는 것만이 아니다. 거룩한 내재로 가는 내적인 움직임은, 특히 우리 안에 계시면서 가슴속에 하느님의 사랑을 부어 주시는 성령을 통해, 그리스도와 갖는 우리의 관계가 내적인 것임을 말해 준다. 우리는 정말로 파스카의 신비와 동일시하는 것이다. 매번 신학적인 성찰을 하지 않으면서도, 그것은 우리 기도의 일종의 맥락이 되면서, 우리가 의자에 앉건 바닥에 앉건 기도할 때 그리스도의 고난과 죽음과 부활의 신비를 밖이 아닌 내면에서 일어나는 것으로 관계 짓는다. 그래서 머지않아 사막에서 유혹을 받으시는 그리스도와 동일시하는 경험을 하게 된다. 나중에 우리는 겟세마니 동산에서 그리스도와 동일시하게 되고, 마침내 십자가에 매달리신 그리스도와도 동일시하게 된다. 그리스도인의 관점에서 보면, 예수님은 우리의 모든 죄와 죄스러움의 결과를, 다른 말로 하면 우리기 아주 어릴 때부터 지녀 온 모든 상처와 살아남기 위해 사용했던 유치한 방법을 지닌 거짓 자아를 스스로 짊어지신 것이다.

  우리가 기도하려고 앉으면 성령에게 위안을 받기도 한다. 그러나 우리가 이 기도를 몇 년 하고 나면 언제나 사막에 있음을 알게 된다. 그 이유는 그것이 바로 하느님과 일치하는 길이기 때문이다. 우리의 어릴 적 상처에서 벗어나는 길은 십자가를 통하는 길 말고는 없다. 하느님이 우리에게 받아들이라고 하시는 십자가는 일차적으로 어릴 때부터 가져 온 우리 자신의 아픔이다. 우리 자신의 상처와 한계, 성격적 결함, 어릴 때부터 지금까지 사람들로부터 받은 모든 나쁜 영향, 각자 고유하게 경험하는 인간 조건의 아픔들, 바로 이러한 것들이 우리의 진정한 십자가이다. 바로 이것이 그리스도께서 우리에게 받아들이라고, 함께 나누자고 요청하시는 것이다. 사실 그분은 고난 중에 우리의 아픔을 이미 경험하셨고 그것을 당신의 아픔으로 만드셨다. 다시 말해, 이미 벌어진 어떤 상황으로 단순히 들어가는 것이다. 그 상황이란 그리스도와 일치하고 그 일치가 의미하는 모든 것, 즉 우리의 모든 아픔, 불안, 공포, 자기 증오, 좌절감 같은 것들을 당신의 것으로 받아들이시는 것을 뜻한다.

  이 과정은 무의식을 정화하는 우리 체험의 가장 핵심에 있다. 우리 인격의 어두운 면과 무서운 악을 저지를 가능성이 있다는 사실을 점진적으로 알게 하는 과정을 통해 그 거짓 자아가 부서지도록 하는 것이다. 그러나 하느님 사랑의 맥락과 우리 안에 진행되는 거룩한 생명에 의해 돌봄이 이루어지는 맥락에서 이 체험을 하게 되면, 깨지지 않으면서 자신의 어두움과 악의 가능성을 마주할 수 있다.

우리의 약함과 무기력함이 새로운 빛을 받으면서 여기에 동의할 때마다 그리스도와의 관계는 점점 더 깊어진다. 가장 낮은 곳에 자리한다는 것은, 하느님의 관점에서 봤을 때 가장 높은 곳에 자리하는 것이다. 왜 그런지 그 이유는 설명할 수 없다. 아마도 그것이 하느님의 방식인가 보다. 고난을 받으시는 그리스도는 하느님이 누구이신지를 가르치는 가장 위대한 스승이다. 그분은 우리에게 온전한 겸손과 이기적이지 않은 마음, 절대적인 봉사, 무조건적인 사랑을 보여 주신다. 육화의 핵심적인 의미는 이러한 사랑이 온전히 주어진다는 것이다. 향심 기도는 단순히 우리 자신을 흘러가게 내버려 둠으로써 그 무한한 선함에 접하도록 해 주는 겸손한 방법이다. 거룩한 단어로 하느님의 현존과 활동에 동의하는 것은 자아를 내드림과 신뢰이다.

4장에 나왔던, 나선형 계단으로 비유된 그림을 다시 떠올려 보자. 그 그림은 우리가 겸손으로 더 내려갈수록 그에 상응하는 내적 부활을 체험하게 된다는 것을 강조한다. 우리의 내면에 쌓인 정서적 폐기물의 밑바닥에 도달하기 전에는 거룩한 생명이 충만해지는 일이 영구적으로 이루어지지 않는다. 우리가 온전하게 거짓 자아에서 벗어나 자유를 얻으려면 소화되지 못한 정서적 자료가 거룩하신 분에 의해 치유되어야 한다. 예수님이 "너희는 나를 통하지 않고서는 아무도 아버지께로 갈 수 없다."고 하신 것은, 그분이 받아들인 것을 받아들이지 않으면 안 된다는 것을 이르신 말씀이다. 그분은 우리의 구원을 위하여 인간의 삶으로 들어오셔서 있는 그대로 받아들이셨다.

이러한 관점에서 보면, 구원이란 우리의 죄악에 그저 옷을 덮어씌우는 것이 아니라, 우리의 태도와 동기를 그리스도의 마음과 가슴으로 변형시키는 것이다. 이러한 과정이 향심 기도 중에 은밀하게 진행된다. 말하자면 우리가 그리스도와 함께 십자가 위에 앉아 그분과 동일시하면서, 거룩한 생명이 자유로이 우리 안에서 흐르는 것을 방해하는 장애를 털어 버리는 것이다.

보통 부활의 증거는 기도 중에 나타나기보다는 일상생활 중에 경험한다. 우리의 신앙 체험이 열매 맺고 있는가를 알아보는 가장 좋은 판단 기준은, 하느님에 대한 열망이 자라는 것을 통해서이다. 이 열망은 이런저런 것에 대한 열망이 아니라 하느님에 대한 일반적인 사랑의 배고픔을 느끼는 것이다. 이는 거룩한 생명이 우리 안에서 더욱 건강해지고, 튼튼해지고, 강력해지고 있음을 보여 주는 가장 확실한 증거이다.

  우리가 공동체를 이루어 향심 기도를 하면, 이미 각자 안에 이루어진 현존과의 접촉에 다가가게 된다. 이것이 공동체의 특별한 선물이다. 우리가 공동체로 모여서 기도하면 각자 공동의 내적 침묵에 공헌하게 되므로 그리스도의 현존은 더욱 강해진다. 그렇게 저장된 내적 침묵의 강함은, 모든 이들이 혼자 기도할 때보다 더 깊은 수준에 이르도록 풍성하게 만들어 준다.

  향심 기도는 그 효과적인 측면에서 교회적이다. 여기서 교회적이란 말은 그 언어가 갖는 원래의 의미대로 사회적 차원과 기능, 현실을 가리킨다. 우리가 일단 영적인 여정을 시작하면, 거기에 단순히 개인적인 기도라는 것은 없다. 그렇다고 우리가 다른 시간에 사랑하는 사람을 위해 기도하지 않는다는 말은 아니다. 이것은 우리가 향심 기도를 하는 시간에 은총을 경험하는 모든 사람, 모든 인류 가족과 하나라는 감각 안으로 들어간다는 것을 뜻한다. 때로 기도 중에 이러한 연대를 실제로 느끼기도 한다. 바로 이러한 연대가 그리스도교 공동체의 핵심이고 정신이다. 이것 없이 어떻게 그리스도인들의 모임이 효과를 거둘지 의혹이 든다. 우리가 모여서 의도적으로 그리스도의 파스카 신비에 참여하면, 향심 기도 모임은 언어 없는 전례가 되고, 각자 그리스도와의 일치를 축하하며, 삼위의 내적 생명에 동참하게 된 것을 감사드리게 된다.

아주 작은 체험이라도 상상할 수 없는 가치를 지니며 결집된 공동체 자체를 광범위하게 초월한다. 다른 말로 하면, 그리스도의 고난과 죽음과 부활에 각자 동참하여 얻어지는 신성한 에너지는 모든 인류 가족의 필요를 위해 드리는 일종의 보편적인(혹은 범세계적인) 기도가 된다. 그것은 그리스도의 은총을 이 세상에 전달한다는 뜻에서 진정으로 사도적이다.

 이는 또한 개인적인 창조 에너지가 일깨워진다는 것을 뜻한다. 우리는 대부분 그 잠재력 위에 그저 앉아 있기만 해서 충만하게 활용하지 못하고 있다. 우리가 일단 파스카 신비와 자신을 동일시하고 내적 부활로 이르는 정화 과정에서 오는 아픔과 고통을 받아들이기만 하면, 여러 가지로 사도적 활동(사목)을 하라는 또 하나의 부르심을 경험하게 된다. 나는 '사목'이라는 말은 별로 쓰고 싶지 않다. 그 이유는 이 말이 너무 고정적인 관념으로 알려져 있어, 사람들은 익히 아는 어떤 구체적인 활동을 뜻하는 것으로 생각하기 때문이다. 내가 할 수 있는 말은 이것이다. 코린토 신자들에게 보낸 첫째 서간 12장에서 바오로 사도가 열거한 사목 활동과 성령 활동은, 성령께서 하시는 일들의 몇 가지 예에 불과하다는 것이다. 우리의 기도는 분명 다른 사람들에게 영향을 미치며 일상생활에서 이러한 사랑을 표현하도록 힘을 준다. 우리는 이에 대해 너무 깊이 생각할 필요가 없다. 때가 되면 우리가 해야 할 일이 무엇인지 알게 되며 그러한 일들이 저절로 벌어지기 때문이다. 그것들은, 만일 일찍 시작했다면, 우리의 생애 중에 여러 번 변하게 될 수도 있다.

연대의 과정은 성인들의 통공이라고 부르는 교리가 뜻하는 것에 빛을 준다. 성인들의 통공이라는 말은 고행과 고통과 엄격한 속죄 행위를 하여 자신의 빚을 다 갚은 사람들의 모임이 아니다. 우리의 육신이 죽어야만 하는 것도 더더욱 아니다. 그것은 오히려, 언제나 전적으로 현존하기에 과거도 미래도 없는 거룩하고 영원한 생명에 참여하는 것이다. 우리는 지금 현존함으로써 과거와 미래의 모든 사람에게도 현존하게 되며 그들과 친구가 된다. 그러고 나면 우리는 결코 외롭지 않다. 나는 당신이 혼자 기도할 때 이 세상을 떠난 친척이나 친구들이 와서 당신과 함께 기도하기를 청하라고 권고한다. 그들이 천상에서 지금 무엇을 하는지는 잘 모르지만, 한 가지 분명한 것은 그들이 당신과 당신의 기도에 관심이 있을 것이라는 점이다. 성인들의 통공에는 시성된 성인뿐만 아니라 옛 친구들이나 부모, 조상도 포함된다. 그들은 모두 지금 하느님의 사랑 안에 있다. 우리는 관상 기도를 통해, 할 수 있는 그 무엇보다도 더 많이 과거와 미래에 영향을 미치는 어떤 실재의 영역 안으로 들어가는 것이다.

이제 젊은 시절의 내 경험을 함께 나누고자 한다. 왜냐하면 공동체에서 향심 기도를 할 때 비슷한 경험이 때때로 반복되었기 때문이다. 향심 기도의 경험을 쌓은 사람들과 함께 기도할 때, 침묵이 아주 깊어질 때 특히 그러했다. 대학 시절에 회두했을 무렵─부모의 강력한 반대에도 불구하고 트라피스트 수도회에 입회하려고 결심할 때였다─나는 교정에 남아 있는 척하면서 부활절을 보내려고 로드아일랜드 주 밸리 폴스에 있는 수도원으로 몰래 갔다. 부활절 이른 아침에 경당에서 미사에 참석하고 있었다. 나는 사제가 성체를 들어 올렸을 때 무슨 일이 일어났는지도 모른 채 갑자기 성체 안에 살아 계신 그리스도와 동일시되었다. 이러한 성찰은 나의 전 존재 안으로 파고들었고, 이 체험은 정도는 달랐지만 3일 동안이나 계속되었다. 나는 이 체험에서 맛본 엄청난 은총의 예리함을 잃어버리지나 않을까 하는 두려움으로 아무에게도 말할 수 없었다. 이런 일이 벌어졌다는 사실을 부정하느니, 차라리 죽음을 택하리라는 확고한 신념이 생기기도 했다. 이러한 절대적 확신은, 제2차 세계 대전 중에 트라피스트 수도회에 입회하려는 절망적인 청년에게는 특별한 은총이었다. 당시 젊은이들에게는 군대에 들어가는 것 말고는 진로에 대한 희망이 별로 없었다.

  만일 당신이 시간을 내어 살펴본다면, 아마도 당신을 절대 신비(곧 하느님)로 이끄는 위대한 힘을 느꼈던 특별한 은총의 순간을 기억하게 될 것이다. 어떤 이들은 이러한 체험이 어떤 목표에 도달했거나, 적어도 필사적으로 붙잡고 늘어질 만한 정도의 무엇에 도달했다고 잘못 해석하기도 한다. 그것은 이러한 특별한 은총의 목적이 아니다. 이것들은, 실제로 신비가 이루어지는 내부를 가린 커튼을 잠시 걷어 보여 줌으로써 그 신비를 소개하려고 주어진 것일 뿐이다. 그 신비란 성삼위께서 우리 안에서 신성한 생명을 이끌어 가신다는 사실과, 믿음으로 하는 우리의 동의는—마치 전기 배선이 다 된 건물에서 스위치를 켜는 것과 같이—우리의 어둠에 신성한 빛을 밝혀 준다는 사실이다. 신성한 빛이 우리 안에 현존한다는 믿음(체험이라기보다는 확신)이 향심 기도의 일차적인 기초이다.

향심 기도 공동체에서, 우리는 그 방에 있는 사람들은 물론 하느님을 찾는 모든 사람들과 하나가 된다. 그리고 하느님이 창조하신 모든 피조물, 즉 자연, 예술, 다른 사람들을 위한 봉사에서도 하나가 된다. 이러한 연대로 우리는 공동체를(비록 둘만의 공동체라도) 형성하고 그에 충실하고자 하는 열망이 생긴다.

관상 기도로 받는 큰 특권은, 하느님에게서 멀어졌다는 개인적인 경험과 그에 따라 삶에서 나타나는 결과를 받아들임으로써 우리의 구원을 나누도록, 그리고 내 안에 계신 성령의 열망을 통해 세상을 치유하는 데 있어 자신을 하느님의 사랑과 동일시하라고 그분께서 우리를 부르셨다는 사실이다. 바오로 사도가 말한 "성령의 말할 수 없는 탄식"이 바로 평화와 하느님의 사랑에 대한 지식을 세상에 가져오게 하려는 우리의 열망이다. 이러한 열망의 원천인 사랑은 사실 이 세상에 이미 부어지고 있으며 그 상처들을 은밀하게 치유하고 있다. 우리는 그리스도의 구원 사업에 참여한 결과를 이 세상에서 사는 동안에는 알 수 없다. 한 가지 분명한 것은, 우리가 십자가에 달리신 분과 연대를 맺으면서 동시에 현재와 과거와 미래의 누구와도 연대를 맺는다는 사실이다.

이러한 연대는 여러 가지 방향으로 나아갈 수가 있다. 이것은 전통을 존중하려는 감각을 부여하기도 한다. 예를 들면, 향심 기도가 어디에서 왔는지 알고 싶어 하는 열성 등과 같다. 내가 만일 향심 기도를 가르치기 시작할 때 교부들의 고전을 나누었다면 몇 사람만이 관심을 기울였을 것이다. 우리는 수련을 먼저 시작한 다음에 전통을 새로운 시각에서 바라볼 기회가 있었다. 우리는 심리학적인 모형을 사용했는데, 최소한 서양 사람들에게는 그것이 이 시대에 가장 적절해 보이기 때문이다. 일단 향심 기도 수련이 이루어지면 연대 과정의 효과가 나타나기 시작한다. 어떤 이들에게는 공동체 생활을 의미하기도 하고, 또 다른 어떤 이들에게는 그들의 체험을 깊게 하는 여러 가지 집중 피정을 뜻하기도 한다. 이것은 또한 그들이 수련을 통해 사람들을 도울 수 있게 하고, 다른 이들에게 힘을 줄 수 있도록 그들을 격려하는 일련의 행정적인 조직을 만들게 한다. 그렇게 해서 만들어진 네트워크 혹은 지원 체제가 관상지원단이다. 관상지원단은 사람들이 일상생활에서 관상 기도를 더욱 깊이 수련하고 영적 여정에서 성장할 수 있도록 시간과 장소를 제공한다.

연대는 우리의 영적 체험을 다른 사람들과 나누도록 그 가능성을 열어 주는 차원이 있다. 이 나눔은 동료 의식만을 위한 것이 아니라 서로 격려하기 위한 것이다. 개인적인 체험이 현실적으로 아무 쓸모없는 것은 아니다. 이는 중요한 사실이다. 우리는 저마다 자신의 영감을 따를 필요가 있다. 그러나 같은 길을 걸어 온 다른 이들에게 우리의 경험을 알려 줄 때는 신중하고 겸손해질 필요가 있다. 부수적인 영향만을 경험하고 있을지도 모를 이들이 그 여정에서 좀 더 원숙한 사람들로부터 지도를 받으려면 말이다. 그런 면에서 관상 공동체는 체험을 과장하여 머리로만 올려 보내거나 어린아이처럼 해석하는 것에서 보호 장치 역할을 한다. 수많은 정화 과정을 거치지 않으면, 하느님과 관계를 맺는 길은 우리의 거짓 자아에게 계속 영향을 받는다. 연대 과정은 우리의 취향과 편의를 떠나보내려는 의지를 갖게 하며, 어떤 상황이나 일차적 의무가 요구할 때는 희생하려는 의지도 품게 한다.

우리의 마음에 쏟아부어 주시는 성령의 사랑으로 말미암아 다른 사람들과의 연대가 형성된다. 우리는 공동체에 대한 소속감, 인류 가족에 대한 소속감, 우주에 대한 소속감을 갖는다. 우리는 이 우주 안에서 편안함을 느낀다. 우리의 기도가 단순히 개인적인 여정이 아니라 세상에 상당히 의미 있는 영향을 끼친다는 것을 느낀다. 성령께서 기도 중에 부어 주신 사랑을 우리는 세상 속에 부어 줄 수 있다. 전쟁과 폭력으로 부서지는 지구촌 어딘가를 위해 하느님의 자비를 구하는 기도를 할 수 있게 된다. 고통이 있는 곳이면 어디서나 고통 받으시는 하느님과 같은 연민을 우리도 느끼게 된다. 전쟁과 폭력이 무서운 것은 바로 하느님이 부서지고 계시기 때문이다. 하느님께서는 우리의 삶과 죽음에 당신을 동일시하신다. 그래서 그리스도께서는 이렇게 말씀하셨다. "이 사람들 중 가장 작은 이에게 베푼 것이 곧 나에게 베푼 것이다." 폭력은 고쳐져야 한다. 이는 우리가 저마다 자기 자신을 버리고 우리 안에 계신 하느님을 받아들이듯, 내적 침묵에서 태어나는 사랑을 필요로 하는 불균형이다.

  이제 마지막 요점을 말하겠다. 기도는 그것에서 비롯되는 활동 없이 혼자 설 수 없다. 활동 없는 관상 기도는 침체하게 되고 관상 기도 없는 활동은 지쳐 버리거나 한곳을 맴돌게 된다. 관상 기도는 무엇을 하고 있어야 하는가에 대한 관상적 시각이나 아이디어를 가르쳐 준다. 그것은 그 둘을 한데 묶어 주며 관상적 투신의 정신을 일상생활 안으로 가져온다. 삼위는 언제나 우리 안에 현존하신다. 하느님께 초점을 맞추는 것을 기도 중에만 해서는 안 된다. 그것은 하루 종일 이루어져야 한다. 하느님의 현존은 우리가 일상생활에서 다른 기도를 하거나 다른 사람들과 관계를 맺는 동안은 물론, 우리의 일터에서도 함께한다. 그러므로 반드시 의도적으로 노력하지 않아도, 일상생활 속에서 그저 하느님 안에 존재하는 것만으로도 일종의 사도직을 수행하는 것이다. 당신은 농담 한마디로도 그곳의 분위기와 다른 사람들 안으로 은총을 부어 줄 수 있다. 우리의 모든 활동은 이러한 중심에서 나오는 것이어야 한다. 향심 기도는 자신의 영적인 본질에 접근하게 할 뿐만 아니라 참자아를 표현하게 하는 속성이 있다. 우리의 삶은 점차 내적 자유로부터 나와, 그것에 대해 생각하지 않으면서도 성령의 열매나 참행복이 솟아나고 흘러넘쳐, 특별한 일상생활 안에서 다른 이들에게 그리스도의 마음을 표현하게 된다. 그러므로 향심 기도의 원천(즉, 우리 안에 있는 삼위의 생명)을 향해 더욱 깊이 들어감에 따라, 그 효과는 강력하게 우리를 밖으로 향하게 하여 성인들의 통공이라고 부르는 연대로 이끈다. 성인들의 통공은 그리스도께서 보여 주시는 무조건적인 사랑으로 다른 사람들과 서로 관계를 맺어 가는 능력이다.

# 용어 설명

**무형적**Apophatic :
순수한 믿음의 활동. 개념이나 어떤 행동을 넘어 하느님 안에 쉬는 것. 하느님의 현존에 대하여 일반적인 사랑의 주의를 유지하는 것이 최소한의 활동이다.

**무형적/유형적 관상**Apophatic/Kataphatic Contemplation :
두 관상이 서로 상반된다는 것을 가리키는 잘못된 구별. 사실상 유형적인 수련으로 우리의 기능을 적절하게 준비시키면 무형적 관상으로 이끌려 가며, 무형적 관상은 적절한 유형적 수련으로 지탱된다.

**주의**Attention :
호흡, 영상, 개념 등의 특정 대상에 초점을 두는 것.

인식Awareness :
특수하거나 일반적인 지각 내용을 인식하는 행동, 의식을 표현하는 다른 말.

참행복Beatitude(마태 5,3-12) :
성령의 열매가 더욱 발달된 것.

향심 기도Centering Prayer :
가슴의 기도, 단순의 기도, 믿음의 기도, 단순 사고의 기도 등을 현대적 형태로 만든 기도. 관상 기도의 선물에 이르는 데 가로놓인 장애를 줄이고 성령의 영감에 응답하도록 이끄는 습관의 개발을 촉진시키는 하나의 방법.

동의Consent :
누구를, 무엇을, 혹은 어떤 행위를 받아들이겠다는 의지의 행동. 즉, 지향intention의 표현.

위안Consolation :
영적인 저자들 가운데 일반적으로 거룩한 독서, 논리적 묵상, 기도, 전례, 선행 등을 하며 느끼는 감각적 즐거움을 가리키는 말이다. 이러한 위안은 어떤 감각적 자극, 상상, 기억, 그리고 어떤 성찰에서 오기도 하고, 성령의 열매나 참행복과 같은 순수하게 영적인 원천에서 오기도 한다.

**관상**Contemplation :
관상 기도와 동의어.

**관상적 삶**Contemplative Living :
성령의 선물로 비롯되는 일상생활의 활동. 관상적 태도의 열매이기도 하다.

**관상 기도**Contemplative Prayer :
그리스도와의 관계가 언어와 생각과 감정을 넘어 일치하는 데까지 발달하는 것. 하느님을 기다리는 단순한 활동에서 기도의 원천으로서 성령의 선물이 점차 우세해지는 쪽으로 움직여 가는 과정을 말한다.

**감각의 어둔 밤**Dark Night of Sense :
성령의 활동으로 시작된 영적인 메마름과 동기의 정화 기간을 기술한 십자가의 성 요한이 붙인 이름. 그래서 수동적인 정화라고도 한다.

**영의 어둔 밤**Dark Night of Spirit :
감각의 어둔 밤 너머에서 일어나는 무의식의 정화로 거짓 자아의 잔재를 제거하는 것이 목표이다.

**신성한 에너지**Divine Energy :
모든 피조물 안에 있는 하느님의 현존과 활동.

**신성한 치료**Divine Therapy :
영적 여정을 정신 치료의 형태로 제시한 모형이다. 신성한 치료는 아동기의 정서적 상처와 이를 다루기 위해 만든 심리 기제를 치유하는 것을 말한다.

**신적인 일치**Divine Union :
인간의 모든 기능이 하느님 안에서 일치한다는 단일한 체험이나 변형적 일치라고 부르는 일치가 영구하게 지속되는 상태(238쪽 변형Transformation을 보라).

**무아경**Ecstasy :
하느님의 활동에 의해 생각이나 감정의 기능, 그리고 때로는 외적인 감각 등이 일시적으로 정지된 상태. 이는 온전한 일치의 기도의 경험을 촉진한다.

**행복을 위한 정서 프로그램**Emotional Programs for Happiness :
안전/생존, 애정/존중, 힘/통제의 본능적 욕구가 자라서 행동 동기의 중심을 이루는 것이다. 그곳으로 생각과 감정과 행동이 이끌려 간다.

**거짓 자아**False Self :
하느님을 닮도록 하지 않고 자신에 맞추어 형성된 자아. 초기 아동기의 정서적 충격을 다루고자 발달시킨 자아상이다. 안전/생존, 애정/존중, 힘/통제의 본능적 욕구를 만족시키는 데서 행복을 찾으려 한다. 자아의 가치를 문화적인 혹은 집단 동일시에 둔다.

**성령의 열매**Fruits of the Spirit(갈라 5,22-23) :
'그리스도의 마음'의 아홉 가지 면으로서 우리 안에 거룩한 생명이 자람을 나타낸다. 즉 사랑, 기쁨, 평화, 인내, 친절, 선행, 진실, 온유, 절제이다.

**성령의 선물**Gifts of the Spirit :
　① 성령의 은사(1코린 12,1-13)는 그리스도인 공동체를 격려하기

위하여 주어진다. 방언, 방언의 해석, 예언, 기적을 행하는 능력, 치유, 영의 분별, 지혜의 말씀, 가르치는 능력, 말씀을 전하는 능력을 가리킨다.

② **성령 칠은**(이사 11,2)은 기도와 활동 속에서 성령의 이끄심을 알아보고 따르게 하는 힘을 우리에게 주는 습관적인 성향들을 뜻한다. 슬기, 통달, 의견, 지식, 용기, 효경, 경외심을 가리킨다.

**인간 조건**Human Condition :
원죄의 결과를 기술하는 하나의 방법, 즉 착각(우리에게 마련된 행복을 찾는 방법을 모르는 것), 탐욕(찾을 수 없는 곳에서 행복을 찾으려 하는 것), 나약한 의지(행복을 찾을 수 있는 곳에서도 은총의 도움을 받지 못해 행복을 추구하지 못하는 무기력) 등이다.

**지향**Intention :
목표나 목적을 의지가 선택하는 것.

**내적 침묵**Interior Silence :
평정 중에 상상, 감정, 이성적 기능을 잠잠하게 함. 순수한 믿음으로 하느님에게 일반적인 사랑의 주의를 드리는 것.

**직관적 의식**Intuitive Consciousness :
이성적 생각의 수준을 넘어선 의식의 수준(육신적 직관으로 보아서는 안 된다). 조화, 협조, 용서, 차이를 타협으로 해결함. 경쟁 대신 상호 지원 등이 특징이며, 다른 사람들과의 일치감과 우주에의 소속감 등을 갖는다.

**유형적**Kataphatic :
믿음으로 깨우치는 이성적인 기능의 수련. 상징과 사색에 대하여 정감적으로 반응하고 믿음의 진리에 동화하고자 이성, 상상, 기억을 사용한다.

**거룩한 독서**Lectio Divina :
하느님으로부터 영감을 받았다고 믿는 책을 읽는 것. 더욱 정확하게 말하면 경청하는 것을 뜻한다. 그리스도와의 대화의 주제로서 성경을 이용하여 그리스도와 우정 관계를 발달시켰던 가장 오래된 방법이다.

**관상 기도의 방법**Method of Contemplative Prayer :
하느님께 나아가는 데 있어 지나치게 생각에 의존하려는 마음을 자유롭게 하기 위해 자연스럽게 발전시키거나 의도적으로 만든 모든 기도 수련.

① **관상으로 자연스럽게 나아가도록 하는 수련** : 거룩한 독서, 예수기도, 성화 공경, 묵주 기도, 그 밖에 교회에서 올바르게 사용되는 대부분의 전통적인 헌신 기도들.

② **관상을 촉진시키려고 의도적으로 만든 수련** :

   가. 집중적 방법—예수기도, 만트라 기도(단어나 구절을 계속 반복하여 하는 것), 돔 요한 매인Dom John Main의 '그리스도인 묵상' 방법.

   나. 수용적 방법—향심 기도, 믿음의 기도, 가슴의 기도, 단순의 기도, 침묵의 기도, 단순 사고의 기도, 능동적 평정의 기도, 획득된 관상 등.

**신비적 기도**Mystical Prayer :
관상 기도와 동의어.

**원죄**Original Sin :
하느님과 일치했다는 내적 확신이나 경험 없이 온전한 사색적 자아를 갖게 되었다는 보편적인 경험을 설명하는 하나의 방법.

**정화**Purification :
관상 기도 과정의 중요한 부분으로 우리의 무의식에 저장된 인격의 어두운 면, 혼합된 동기들, 일생 동안 지녀 온 정서적 아픔 등이 점차 배설되는 과정이다. 변형적 일치로 가기 위해 필요한 준비다.

**영적 주의성**Spiritual Attentiveness :
순수한 믿음으로 하느님의 현존에 일반적인 사랑의 주의를 주는 것. 구별 지을 수 없으면서도 일치했다는 감각, 혹은 성삼위 중 하나에게 더 개인적인 주의를 드리는 것으로 특징지어진다.

**영적인 감각**Spiritual Senses :
교회 교부들 사이에 공통되는 가르침으로 후각, 촉각, 미각 등의 외적 감각을 비유하여 관상 기도의 단계를 설명하려는 표현. 비교하려는 요점은 경험의 즉시성이다.

**영성**Spirituality :
내면에서 하느님께 승복하고 모든 동기와 행동에 파급되는 믿음의 생활. 성령의 영감에 따라 기도하고 활동하는 삶이다. 헌신적 행위와 의식과 전례와 특정한 신심 행위와 다른 사람을 위한 봉사에 국한된 성향뿐만 아니라, 자신의 모든 활동을 정립하고 일치시키고 감독하는 촉매 역할을 하는 성향.

**생각**Thoughts :
향심 기도라는 특정한 방법의 맥락에서 볼 때 감각, 지각, 감정, 영상, 기억, 사색, 비평, 어떤 영적인 지각을 포함하여 모든 지각을 포괄하는 용어이다.

**변형**Transformation(변형적 일치Transforming union) :
한 번의 경험이 아니라 하느님이 늘 현존하신다는 안정된 확신. 자신과 존재하는 모든 것 안에 현존한다고 여겨지는 거룩한 실재 안에서 의식을 재구성하는 것이다.

**참자아**True self :
모든 인간이 창조된 하느님의 모상, 신성한 생명에의 참여이며 우리의 독특성 안에서 표현된다.

**타이포닉 의식**Typhonic Consciousness :
현대 인류학에 의한 것으로서, 다른 사물로부터 구별되는 신체 자아가 발달하는 특징을 갖는 의식의 한 수준. 이 수준은 부분과 전체의 구별, 상상으로 하는 영상과 외부 현실을 구별 짓지 못하는 것이 특징이다.

**궁극적 신비/궁극적 실재**Ultimate Mystery/Ultimate Reality :
무한한 잠재력과 활성화의 바탕. 하느님의 초월성을 강조하는 용어이다.

**일치 의식**Unitive Consciousness :
하느님의 사랑을 자신의 모든 기능과 관계 안으로 들어가게 하는 작업 과정에 수반되는 변형적 일치의 경험.

**무의식의 짐을 덜어 냄**Unloading the Unconsciousness :
이전에 무의식 속에 있었던 자료들을 원시적 감정의 형태, 혹은 영상이나 비평이 분출하는 것처럼 자발적으로 방출하는 것. 이것은 관상 기도 중에 일어나거나 기도 밖에서도 일어난다.

## 감사의 글

이 책에 나오는 자료들은 여러 해 동안 향심 기도를 해 온 이들부터 이 기도에 생소한 이들까지 다양한 계층의 여러 사람들에게 했던 일련의 강의를 통해 준비하기 시작했다. 이러한 향심 기도 피정과 워크숍에서 애써 준 봉사자들과 처음 참여하여 강의를 듣고 유용한 피드백을 해 주었던 참가자들에게 감사드린다.

이러한 다양한 자료를 토대로 책을 만들어 내는 과정은 상당한 편집 기술을 요하는데, 이번에 다시 보니 시미즈Bonnie Shimizu, 신시아 부르조Cynthia Bourgeault, 퍼트리샤 존슨Patricia Johnson 팀의 도움을 받는 행운이 있었다. 보니 시미즈는 자료를 선택하고 정리하여 편집하는 일은 물론, 때로 즉석 대담을 포함하여 비공식 대담에 쓰인 내용의 일부를 베끼는 등과 같은 일을 가까이서 해 주었다. 신시아 부르조는 더욱 발전적인 편집을 맡아 이 자료들이 책의 모양을 갖추도록 최종 형태로 만들어 주었고, 여러 가지 중요한 점들을 명료하게 하는 데 도움을 주었다. 퍼트리샤 존슨은 아주 열성적으로 비서 역할을 해서 원고가 제시간에 출판사로 넘어가도록 해 주었다.

마지막으로 스노매스에 있는 성 베네딕토 수도 공동체, 특히 수도원장이신 요셉 보일 신부에게 감사드린다. 보일 신부는 이 일을 여러 면에서 협조해 주었다. 원고를 인쇄하고 복사하는 일, 관상을 재발견하는 일, 관상지원단의 지속적인 일들을 수용하는 데 사용될 피정 센터 건축 등에 헌신적으로 임했다. 이 원고의 마지막 부분을 쓰고 있는 이 시간에도 새로운 건물이 건축 중에 있다. 이로서 그리스도교의 관상 전통은 더 이상 봉쇄 수도원에 국한된 것이 아닌, 하느님을 마음 깊은 곳에서 찾는 모든 사람의 것이라는 비전이 더욱 확고해졌다.

1993년 11월
콜로라도 주 스노매스의 성 베네딕토 수도원에서

**토머스 키팅**

## 옮긴이의 글

새로운 천년이 문턱에 다다랐다. 대희년을 맞이하는 우리가 거룩해져야 한다고 교황님도, 곳곳에서 발현하시는 성모님도 애타게 호소하신다. 그렇다면 우리는 어떻게 성화할 것인가? 관상은 거룩함에 이르는 가장 좋은 지름길이다.

이 책의 저자인 토머스 키팅 신부는 관상으로 이끌어 주는 향심 기도 방법을 마련하여 누구든지 쉽게 수련하도록 했다. 또한 향심 기도에 대한 개념적 배경을 현대 과학 용어로 설명하여 쉽게 이해하게 해 주었다. 이 책은 그러한 관념적 배경을 총 정리한 책으로서, 기도를 처음 시작한 사람들이 읽기에는 조금 어리둥절할지도 모르겠다. 그러나 차근히 읽으면서 향심 기도를 수련하면 기도의 맛을 보게 되리라고 확신한다. 토머스 키팅 신부는 이 책 외에도 향심 기도를 안내하는 3부작으로 「마음을 열고 가슴을 열고」(가톨릭, 2010), 「Invitation to Love사랑에로의 초대」(Element, 1992), 「The Mystery of Christ그리스도의 신비」(Element, 1992)를 이미 내놓았다. 또한 옮긴이가 한국인이 읽기에 편하도록 쓴 「향심 기도」가 성바오로출판사에서 출간된 바 있다. 이 책들을 두루 함께 읽으면 향심 기도에 대해 더욱 잘 이해하게 되리라고 본다. 원문의 의미를 가급적 그대로 살리면서 읽기 쉽게 하려고 노력했으나 완벽한 번역이라고는 생각하지 않음을 솔직히 고백한다. 기회가 된다면, 원서를 읽어 보는 것도 좋겠다. 이 책은 다양한 학문 용어를 사용하고 있을 뿐만 아니라, 속어와 숙어를 통하여 더욱 섬세하게 그 의미를 나타내고 있는데, 그 뜻을 한국어로 적절하게 표현하기가 어렵기 때문이다.

또한 '용어 해설' 부분을 따로 마련하였으니 이해가 잘되지 않는 용어가 있을 때 참고하여 이해하기를 바란다. 참고로 'transformation'은 영적 여정에 오른 사람들에게 매우 중요한 용어인데, 직역하면 "변형"이 된다. 이것은 '변화'라는 말과는 그 뜻이나 뉘앙스가 다르므로 다소 생소하기는 하지만, 내적으로 자신의 모습이 바뀌어 간다는 의미로서 "변형"으로 이해해 주기를 바란다. 우리가 기도하는 목적이 바로 우리의 내적인 모습이 하느님을 닮은 모습으로 바뀌어야 하는 것이므로, 이 "변형"이 우리의 목표가 된다. 그리고 영어의 'mind'는 "마음"으로, 'heart'는 "가슴"으로 번역했음을 밝혀 둔다. 이 두 가지 말은 성경에서 그 뜻이 매우 다른데도 한국어로 번역된 성경에서는 별로 구별하지 않고 쓰였다. 그래서 이 둘을 특히 구별하려고 애썼다. 영적인 분야의 용어들은 대부분 생소하고 한국어로 적절하게 표현하기 어려운 것들도 많다. 또한 영성은 우리의 신앙을 수평적으로뿐만 아니라 수직적으로도 다룬다. 신앙에는 깊이와 수준과 단계라는 것이 있다. 또한 인간의 지적 기능으로서의 의식意識도 깊이와 수준과 단계가 있다. 그러므로 이러한 언어들이 갖는 의미를 주의 깊게 알아듣도록 노력해야 할 것이다. 이렇게 생소한 언어들도 계속 수련해서 기도가 깊어지기 시작하면 점차 귀에 익어 가고 알아들을 수 있게 된다. 그러므로 지금부터라도 열심히 기도하면서 새로운 용어의 의미에 조금씩이라도 익숙해지도록 노력해야 할 것이다. 그리하여 기도가 깊어지면서 동시에 이 책이 말하려는 바를 알아듣기 시작하면, 참으로 많은 영적 열매를 맺게 될 것이라고 확신한다.

토머스 키팅 신부는 지금까지 영성에 관하여 다른 이들이 하지 못한 일을 해냈다. 그것은 현대 과학, 특히 정신의학, 심리학(특히 발달심리학), 인류학, 물리학, 신학, 특히 영성신학을 접목하여 교회의 전통적인 관상 기도의 차원을 넓혀 준 것이다. 그러나 옮긴이는 복음을 더욱 깊이 이해할 수 있는 새로운 장을 열어 주신 분으로 토머스 키팅 신부를 기억한다. 신학을 다른 학문과 접목했다는 사실은, 신학이 모든 과학을 포용하고 있음을 입증한 것으로서 이전에는 생각하기 어려웠던 부분이다. 그 덕분에 가톨릭은 물론 다른 종파의 그리스도인과 심지어 동양 종교에까지 알려지게 되었고, 세계적으로 향심 기도를 하는 사람들이 늘어나고 있다. 향심 기도는 하나의 운동으로서, 1960년대의 성령 쇄신 물결이 다소 가라앉고 있는 이때 교회에 활력을 부어 주는 커다란 움직임이 되리라고 생각한다. 사실 성령 쇄신 운동으로 시작한 교회 쇄신의 물결을 계승, 발전, 완성시키는 운동이라고 옮긴이는 감히 말하고 싶다. 그 이유는 성령 기도로 영적 여정을 시작한 사람들 중 많은 이들이 향심 기도를 통해 관상적 삶으로 나아간 것을 볼 수 있기 때문이다.

향심 기도는 처음 시작할 때는 방법이 매우 중요하고, 기도를 어느 정도 했을 때는 개념적 배경을 이해하는 것이 중요하다. 마지막으로 어려움이 닥칠 때는 어떠한 상황에서도 끈기 있게 수련해 나가는 것이 중요하다. 그러므로 향심 기도에서는 "방법이 중요하고, 이해도 중요하나, 실천은 이 모든 것이다."(Method is one thing, understanding is something, but practice is everything)

무지의 세계로 떠나는 영적 여정에서 이 책이 등대가 되고 길잡이가 되어, 여러분을 끈기 있게 관상에 머물게 하고 영적으로 성장하게 하는 데 커다란 도움이 되기를 바란다.

이 원고를 끝까지 여러 번 읽어서 교정을 보아 주신 서 율리아나 자매님과 아내 헬레나에게 감사드린다. 그리고 이 책을 이해하도록 도와준 나의 영적 지도자 조 루이스Joe Ruiz 신부님에게도 감사드린다. 늘 나를 격려해 준 시카고 한인 향심 기도 공동체인 시카고 한국 순교자 천주교회 주일 복음 묵상회의 기도 동료들에게도 깊이 감사드린다. 이 책을 기꺼이 출판해 주신 한국의 성바오로출판사에도 깊은 감사를 드린다. 마지막으로 이 책을 번역하는 데 진심으로 격려해 주고 언제나 용기와 도움을 준 토머스 키팅 신부에게 감사드린다.

1998년 4월
미국 시카고에서

**엄무광**

### 개정판 번역에 부쳐

「마음을 열고 가슴을 열고」가 출간된 지 15년 만에 20주년 개정판으로 다시 나왔다. 이어 이 책도 개정판으로 다시금 출간하게 되었다. 개정판에서는 전체적인 순서가 바뀌었고 내용도 조금 수정되었다. 나는 이 책을 1998년에 처음 번역한 후, 토머스 키팅 신부님과 사사로이 접촉하는 기회가 많아졌다. 그리고 그분의 다른 책들과 오디오와 비디오테이프들을 많이 읽고 듣고 보면서 그분의 가르침을 더 심도 있게 이해하게 되었다. 그래서 「하느님과의 친밀」 개정판을 완전히 새로 번역하게 된 것을 무척 감사하게 생각한다. 그런 면에서 토머스 키팅 신부의 의도를 더 잘 전하도록 번역하였고, 독자들이 더 쉽게 이해할 수 있을 것이라고 생각한다. 한 가지 말하고 싶은 것은, 이번에는 가급적 직역을 했지만 이해를 돕고자 더러는 의역을 했으며, 주석을 많이 달아 다소 어렵게 느껴지는 부분의 이해를 돕고자 했다.

2010년 1월
미국 플로리다에서
**엄무광**

개정판
## 하느님과의 친밀

글쓴이 : 토머스 키팅
옮긴이 : 엄무광
펴낸이 : 서영주
펴낸곳 : 성바오로
주소 : 서울특별시 강북구 오현로7길 20(미아동)
등록 : 7-93호 1992. 10. 6
초판 발행일 : 1999. 3. 15
2판 2쇄 : 2019. 5. 3
SSP 936

취급처 : 성바오로보급소
전화 : 9448--300, 986--1361
팩스 : 986--1365
통신판매 : 945--2972
E-mail : bookclub@paolo.net
인터넷 서점 : www.paolo.net
www.facebook.com/stpaulskr

값 12,000원
ISBN 978-89-8015-782-2